이것은 영어로 뭐라고 말할까?

🐨 코알라학교

@KoalaEnglish180

코알라식

의외로
잘 모르는
영단어도감

머 리 말

여러분, 안녕하세요.

코알라학교의 교장 코아탄입니다. 저는 매일 트위터와 인스타그램에 재미있는 영어 학습 일러스트를 올리고, 유튜브를 통해 즐겁고 효율적인 영어 학습법을 소개하고 있습니다.

많은 분께서 '교과서보다 이해하기 쉽다', '학생 때 이런 자료가 있었다면 좋았을 텐데' 하고 말씀해 주십니다. 현직 선생님들께서 '수업에 활용해도 될까요?'라고 문의하실 때면 큰 보람을 느낍니다. 이처럼 여러분이 보내주시는 긍정적인 반응은 제게 정말 큰 힘이 됩니다.

저의 책 <코알라식 영어 뉘앙스 도감>이 15만 부 넘게 판매된 것도 모두 여러분이 보내주신 뜨거운 사랑과 지지 덕분입니다. 이 자리를 빌려 진심으로 감사드립니다.

가끔 "영어 전문가시네요", "원래 영어를 잘하셨어요?"라는 질문을 받곤 합니다. 하지만 솔직히 말씀드리면, 전혀 그렇지 않습니다.

저는 스무 살이 넘어서야 처음으로 해외에 나갔고, 대학생이 되어서 캐나다로 유학을 떠났습니다. 소위 말하는 '귀국 자녀'도 아니었고, 당연히 영어도 능숙하지 않았습니다. 카페에서 커피 한 잔 주문하는 것조차 쩔쩔맸고, 마트 직원에게 궁금한 것을 물어볼 용기도 내지 못했습니다.

'이것은 영어로 뭐라고 말해야 하지?'
이런 생각을 매일같이 했습니다. 일상생활에 꼭 필요한 단어나 표현은 정작 학교에서 배우지 못했다는 사실을 그때 깨달았습니다. 영어로 질문을 받아도 제대로 답하지 못해 어색하게 웃어넘기기 일쑤였고, 하고 싶은 말을 제때 하지 못해 답답했던 적이 한두 번이 아니었습니다.

하지만 포기하지 않고 꾸준히 공부한 끝에, 지금은 호주의 한 회사에서 일하고 있습니다. 그저 단어를 암기하는 방식에서 벗어나, 그 의미와 쓰임을 온전히 이해하고 싶다는 마음, 그것이 바로 이 책의 시작이었습니다.

이 책은 귀여운 일러스트를 통해 단어의 의미를 쉽고 재미있게 이해하고, 오래 기억하도록 돕습니다. 단어마다 주제를 정해 뉘앙스 차이와 상황에 맞는 쓰임새를 알려주고, 관련 단어를 엮어 함께 공부할 수 있도록 구성했습니다.

매일 한 페이지씩 가볍게 넘겨보셔도 좋고, 문득 궁금한 부분을 찾아보셔도 좋습니다. 분명 그동안 입에서 맴돌기만 했던, 꼭 말하고 싶었던 그 단어를 발견하게 될 겁니다.

이 책을 통해 영어 공부가 즐거울 수 있다고 느끼는 분이 단 한 명이라도 더 늘어난다면, 제게는 그보다 더 큰 기쁨이 없을 겁니다.

자, 그럼 즐거운 영어 단어의 세계로 함께 떠나볼까요?

코알라학교 교장 코아탄

CONTENTS

머리말 2
이 책의 구성・등장 캐릭터 12

1 감정・오감

1-1 미묘한 감정표현 : 기쁜・화난 16
1-2 미묘한 감정표현 : 슬픈・즐거운 18
1-3 말하고 싶지만 표현하기 어려운 감정 ① 20
1-4 말하고 싶지만 표현하기 어려운 감정 ② 22
1-5 웃는 방식으로 구분하는 '웃다' 24
1-6 우는 방식으로 구분하는 '울다' 26
1-7 정도에 따라 구분하는 '건강한'과 '피곤한' 28
1-8 정도에 따라 구분하는 '재미있는'과 '재미없는' 30
1-9 정도에 따라 구분하는 '무서운' 32
1-10 여러 가지 냄새 표현 34
1-11 여러 가지 감촉 표현 36
1-12 보는 방식에 따라 구분하는 '보다' 38
1-13 소리를 나타내는 다양한 표현들 40

column 세계의 여러 가지 웃음 표현 42
column 영어권의 제스처 44

2 일상생활

2-1 일상적인 행동을 나타내는 표현 : 몸단장 편 **48**

2-2 일상적인 행동을 나타내는 표현 : 휴일 편 **50**

2-3 청소·세탁에 관한 표현 **52**

2-4 가게·시설의 명칭 **54**

2-5 의외로 말하기 어려운 생활용품 **56**

2-6 의외로 말하기 어려운 전자제품 **58**

2-7 시간대를 나타내는 단어 **60**

2-8 의외로 말하기 어려운 날씨 표현 **62**

2-9 취미를 나타내는 표현 **64**

2-10 스마트폰 조작 관련 표현 **66**

2-11 SNS 및 서비스 이름에서 유래한 동사·형용사 **68**

2-12 의외로 잘 모르는 영어 표현 **70**

2-13 영어로 된 아기 말 **72**

(column) 미국 영어와 영국 영어의 차이 **74**
(column) 영어 이름과 닉네임 **76**

3 요리

- 3-1 요리에서 사용하는 동사 **80**
- 3-2 '썰다'를 나타내는 다양한 표현 **82**
- 3-3 '먹다'를 나타내는 다양한 표현 **84**
- 3-4 고기 부위 / 고기 익힘 정도 **86**
- 3-5 여러 가지 고기 부르는 법 **88**
- 3-6 초밥 재료로 기억하는 수산물 **90**
- 3-7 여러 가지 식감 표현 **92**
- 3-8 의외로 말하기 어려운 맛을 나타내는 형용사 **94**
- 3-9 정도에 따라 구분하는 '맛있는'과 '맛없는' **96**
- 3-10 의외로 말하기 어려운 주방용품 **98**

- `column` 알아두면 좋은 테이블 매너 **100**
- `column` 커피의 종류 **102**

4 학교생활·친구 사귀기

- 4-1 여러 가지 학교 **106**
- 4-2 여러 가지 교과·학문 **108**
- 4-3 여러 가지 학교 행사 **110**

4-4 의외로 말하기 어려운 사무용품·문구 112

4-5 여러 가지 실험 기구 114

4-6 교육 문제 관련 핵심 어휘 116

4-7 여러 가지 시험 118

4-8 친구를 나타내는 다양한 표현 120

4-9 성격을 나타내는 형용사 122

4-10 성격을 나타내는 명사 124

4-11 일상 회화에서 자주 사용하는 줄임말 126

4-12 인터넷에서 자주 사용하는 줄임말 / 여러 가지 웃음 128

4-13 여러 가지 아이들 놀이 130

column 나라별 학년의 차이 132

column 전 세계 공통 인스타그램 해시태그 134

5 신체·건강

5-1 의외로 말하기 어려운 신체 부위·장기 138

5-2 의외로 말하기 어려운 손발 부위 140

5-3 의외로 말하기 어려운 얼굴 부위 142

5-4 체형을 나타내는 형용사 144

5-5 여러 가지 병명·몸 상태가 안 좋을 때의 표현 146

5-6 여러 가지 부상 148

5-7 여러 가지 병원의 진료과 **150**

5-8 병원에서 사용하는 표현 **152**

5-9 여러 가지 생리 현상 **154**

5-10 운동과 관련된 표현 **156**

`column` 여러 가지 공포증 **158**

`column` 영어 이모티콘 목록 **160**

6 멋쟁이·패션

6-1 여러 가지 머리 모양과 수염 **164**

6-2 알아두면 좋은 미용실 표현 **166**

6-3 화장에 관한 표현 **168**

6-4 패션에 관한 형용사 **170**

6-5 여러 가지 무늬·문양 **172**

6-6 옷차림의 격식(포멀·캐주얼) **174**

6-7 패션에 관한 한국식 영어 **176**

`column` 의류 및 신발 사이즈표 **178**

`column` 세계의 전통 의상 **180**

7 일·비즈니스

- **7-1** 여러 가지 직책·부서 **184**
- **7-2** 초등학생들의 장래 희망 직업 톱10 **186**
- **7-3** 사무실에서 사용하는 표현 **188**
- **7-4** 영문 뉴스 핵심 어휘 : 경제·정치 **190**
- **7-5** 영문 뉴스 핵심 어휘 : 환경·사회 **192**
- **7-6** 공식적인 표현으로 바꾸기 / 메일의 마무리 인사 **194**
- **7-7** 비즈니스에서 사용하는 줄임말 **196**
- **7-8** 의외로 잘 모르는 기호들 **198**
- **7-9** 성별을 고려한 대체 표현 **200**

(column) 전화번호 읽는 법 **202**
(column) 날짜 쓰는 법·읽는 법 **204**

8 수학

- **8-1** 수학에서 사용하는 표현 **208**
- **8-2** 숫자·기호 읽는 법 **210**
- **8-3** 여러 가지 평면 도형·입체 도형 **212**
- **8-4** 면적·부피를 구하는 공식 **214**

8-5 원과 선 216
8-6 그래프의 종류와 사용법 218

column 큰 수 세는 법 220
column 돌체 & 가바나 향수로 배우는 논리 연산 222

9 동물

9-1 동물의 새끼를 부르는 법 226
9-2 성별에 따라 구분되는 동물 명칭 228
9-3 동물의 무리를 나타내는 다양한 표현 230
9-4 동물에서 유래한 형용사 232
9-5 욕설에 사용되는 불쌍한 동물들 234
9-6 여러 가지 동물의 울음소리 236
9-7 동물의 신체 부위 238

column like + 동물의 관용 표현 / 동물 + 전치사 관용구 240
column 동물을 이용한 비교 표현 242

색인 244
참고문헌 255

이 책의 구성 · 등장 캐릭터

포 인 트 1
귀여운 일러스트로 바로 머리에 쏙쏙!

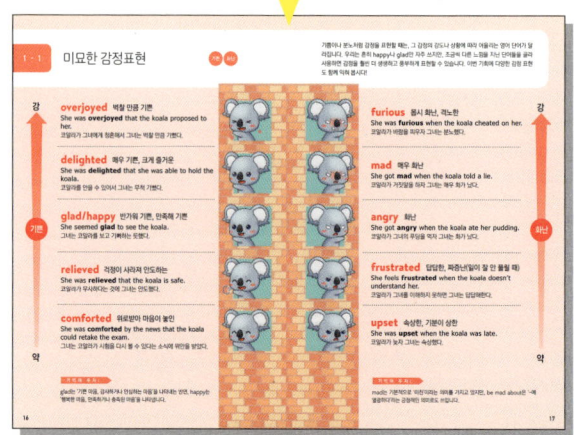

포 인 트 2
알고 있는 줄 알았는데 의외로 몰랐던 단어가 가득!

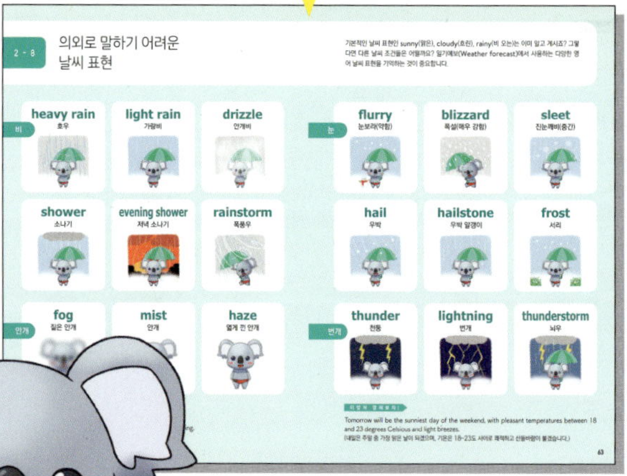

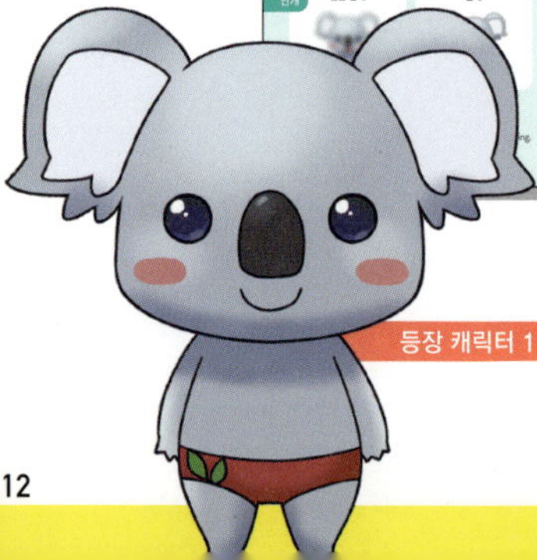

등장 캐릭터 1 **코아탄** : 수컷 코알라

포 인 트 3
한눈에 보기 편한 펼침면 레이아웃!

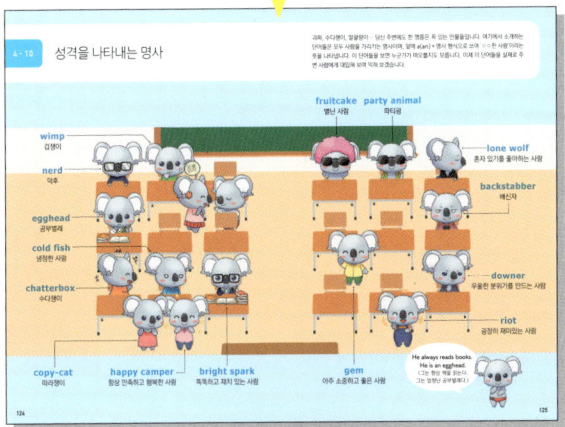

포 인 트 4
칼럼에서는 각 장과 관련된 재미있는 상식을 소개!

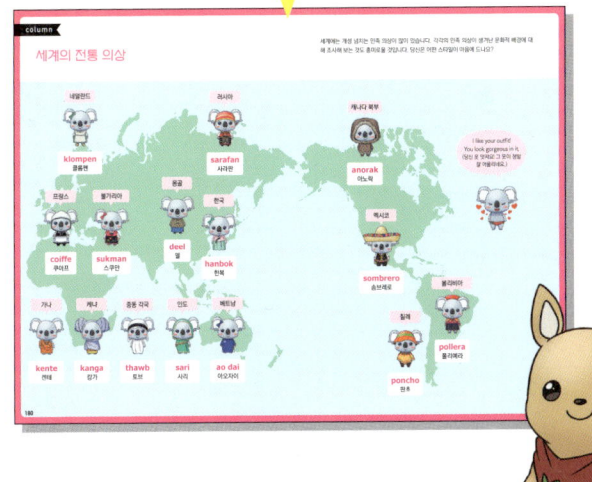

루탄 : 암컷 캥거루   등장 캐릭터 2

감정·오감

기쁠 땐 happy, 피곤할 땐 tired…
혹시 아는 단어만 반복하고 있진 않나요?
자신의 감정을 상황에 맞게 더 풍부하고
다양하게 표현하고 싶다고 생각해 본 적 없으신가요?
이번 장에서는 여러분의 감정 표현을 한 단계 더 발전시켜 줄
다양한 단어들을 배워보겠습니다.

1-1 미묘한 감정표현

기쁜 화난

강 ↑

overjoyed 벅찰 만큼 기쁜
She was **overjoyed** that the koala proposed to her.
코알라가 그녀에게 청혼해서 그녀는 벅찰 만큼 기뻤다.

delighted 매우 기쁜, 크게 즐거운
She was **delighted** that she was able to hold the koala.
코알라를 안을 수 있어서 그녀는 무척 기뻤다.

glad/happy 반가워 기쁜, 만족해 기쁜
She seemed **glad** to see the koala.
그녀는 코알라를 보고 기뻐하는 듯했다.

relieved 걱정이 사라져 안도하는
She was **relieved** that the koala is safe.
코알라가 무사하다는 것에 그녀는 안도했다.

comforted 위로받아 마음이 놓인
She was **comforted** by the news that the koala could retake the exam.
그녀는 코알라가 시험을 다시 볼 수 있다는 소식에 위안을 받았다.

약

기쁜

> 기억해 두자!
>
> glad는 '기쁜 마음, 감사하거나 안심하는 마음'을 나타내는 반면, happy는 '행복한 마음, 만족하거나 충족된 마음'을 나타냅니다.

기쁨이나 분노처럼 감정을 표현할 때는, 그 감정의 강도나 상황에 따라 어울리는 영어 단어가 달라집니다. 우리는 흔히 happy나 glad만 자주 쓰지만, 조금씩 다른 느낌을 지닌 단어들을 골라 사용하면 감정을 훨씬 더 생생하고 풍부하게 표현할 수 있습니다. 이번 기회에 다양한 감정 표현도 함께 익혀 봅시다!

furious 몹시 화난, 격노한
She was **furious** when the koala cheated on her.
코알라가 바람을 피우자 그녀는 분노했다.

mad 매우 화난
She got **mad** when the koala told a lie.
코알라가 거짓말을 하자 그녀는 매우 화가 났다.

angry 화난
She got **angry** when the koala ate her pudding.
코알라가 그녀의 푸딩을 먹자 그녀는 화가 났다.

frustrated 답답한, 짜증난(일이 잘 안 풀릴 때)
She feels **frustrated** when the koala doesn't understand her.
코알라가 그녀를 이해하지 못하면 그녀는 답답해한다.

upset 속상한, 기분이 상한
She was **upset** when the koala was late.
코알라가 늦자 그녀는 속상했다.

강 ↑ 화난 ↓ 약

> **기억해두자!**
>
> mad는 기본적으로 '미친'이라는 의미를 가지고 있지만, be mad about은 '~에 열광하다'라는 긍정적인 의미로도 쓰입니다.

1-2 미묘한 감정표현

강

depressed 깊이 낙담한
She is **depressed** because she was suddenly dumped by the koala.
코알라에게 갑자기 차여서 그녀는 깊이 낙담했다.

gloomy 침울한
She was **gloomy** for weeks after the koala died.
코알라가 죽고 나서 몇 주 동안 그녀는 침울했다.

sad 슬픈, 속상한
She is **sad** because the koala isn't here.
코알라가 여기 없어서 그녀는 슬프다.

blue 마음이 답답하고 쓸쓸한, 허전한, 울적한
She feels blue after being away from the koala for so long.
코알라와 너무 오래 떨어져 있어 그녀는 울적해한다.

down 기분이 가라앉은(살짝 우울한 느낌)
She feels **down** because the koala is going back to Australia.
코알라가 호주로 돌아가게 되어서 그녀는 기분이 가라앉았다.

약

> 기 억 해 두 자 !

depress는 불경기라는 의미로도 쓰입니다. Blue는 I have the blues처럼 명사로도 사용할 수 있습니다.

'슬픔'과 '즐거움'은 일상에서 자주 나타나는 대표적인 감정 표현입니다. 영어로 이런 감정을 나타낼 때는 sad나 fun 같은 기본 단어만 쓰기보다, 감정의 정도나 상황에 따라 어울리는 형용사를 골라 쓰는 것이 좋습니다. 단어를 조금만 바꿔도 감정 표현이 훨씬 다채롭고 풍부하게 전달됩니다.

강

thrilling   짜릿한, 스릴 넘치는, 흥분되는
Going out with the koala is **thrilling**.
코알라와 함께 나가는 것은 짜릿하다.

exciting   신나는, 흥미진진한
The game between the koala and the kangaroo was very **exciting**.
코알라와 캥거루의 경기는 정말 흥미진진했다.

fun   (하는 과정 자체가) 재미있는, 즐겁고 신나는
Learning English is **fun**.
영어를 배우는 것은 재미있다.

즐거운

amusing   재미있는, 유쾌한
The novel about the koala was very **amusing**.
그 소설은 아주 재미있었다.

enjoyable   기분 좋은, 즐길 만한
The movie was mildly **enjoyable**.
그 영화는 그럭저럭 즐길 만했다.

약

기억해 두자!

amusing은 기분적인 즐거움보다는 내용의 재미에 초점을 맞춘 표현입니다.
enjoyable은 "뭐, 즐거웠어 (괜찮았어)"와 같이, 폭발적인 재미보다는 "나쁘지 않았다"는 소극적인 즐거움을 표현할 때 사용될 수 있습니다.

1-3 말하고 싶지만 표현하기 어려운 감정 ①

 **I'm fed up.**
진절머리 나.

 **I'm sick of this.**
이제 정말 지긋지긋해.

 **I'm disgusted.**
역겨워.

 **I'm disappointed.**
실망스러워.

 **I'm frustrated.**
짜증 나고 답답해.

 **I'm anxious.**
불안해.

 **I'm scared.**
무서워.

 I'm overwhelmed.
감당이 안 돼.

 **I'm restless.**
안절부절못하겠어.

 **I'm sorrowful.**
정말 슬퍼.

 **I'm hesitant.**
망설여져.

 **I'm pessimistic.**
나는 좀 비관적이야.

영어로 대화하다 보면 자신의 감정을 제대로 표현하지 못해 답답함이나 아쉬움을 느끼는 경우가 많습니다. 이번에는 일상에서 자주 쓰이는 쉽고 익숙한 감정 표현부터, 말로 옮기기 어려운 미묘한 감정까지 다양하게 정리해 보았습니다. 감정 표현을 풍부하게 익혀 두면, 영어 대화에서도 자신 있게 마음을 전할 수 있습니다.

I'm nervous.
긴장돼.

I feel insecure.
불안하고 자신 없어.

I'm shocked.
충격받았어.

I'm annoyed.
짜증 나.

I'm lonely.
외로워.

I'm hurt.
상처 받았어.

I'm embarrassed.
창피해.

I'm jealous.
질투 나.

I'm envious.
부러워.

I'm stuck.
옴짝달싹 못 해.

I feel humiliated.
모욕감을 느껴.

I'm uncertain.
확신이 안 서.

말하고 싶지만 표현하기 어려운 감정 ②

 **I'm troubled.**
골치 아파. / 곤란해.

 **I'm grumpy.**
기분이 언짢아.

 **I'm flustered.**
당황스러워.

 **I'm doubtful.**
의심스러워.

 **I'm skeptical.**
회의적이야.

 I feel guilty.
죄책감이 들어.

 **I'm thirsty.**
목이 말라.

 **I'm starving.**
배고파 죽겠어.

 **I'm bursting.**
참을 수가 없어.

 **I'm content.**
만족해.

 **I'm motivated.**
의욕이 생겼어.

 **I'm positive.**
난 잘될 거라 믿어.

때로는 영어로 표현하고 싶은 특별한 기분이나 감정이 바로 떠오르지 않을 때가 있습니다. 막연히 알고 있는 감정도 정확한 단어를 떠올리지 못하면 답답할 수 있지요. 여기에서는 그런 감정들을 정리해 두었으니, 기억해 두고 필요할 때 자연스럽게 꺼내 쓸 수 있도록 해 봅시다.

I'm serious.
나 진지해.

I feel secure.
안심돼.

I'm cool.
괜찮아. / 상관없어.

I'm relaxed.
편안해.

I'm enthusiastic.
의욕이 넘쳐.

I'm curious.
궁금해.

I'm touched.
감동받았어. / 마음이 울컥해.

I'm confident.
자신 있어.

I'm proud.
뿌듯해.

I feel something.
뭔가 느낌이 와.

I'm captivated.
완전히 빠져들었어.

I'm so happy I could die.
너무 행복해서 미칠 것 같아.

1-5 웃는 방식으로 구분하는 '웃다'

smile
미소를 짓다, 웃다

The koala smiled at a baby next to him.
코알라는 옆에 있는 아기를 보고 미소 지었다.

laugh
웃다, 크게 웃다

The koala often makes me laugh.
코알라는 나를 자주 웃게 만든다.

giggle
키득키득 웃다

The koala giggled at a dad joke.
코알라는 아재 개그를 듣고 키득키득 웃었다.

grin
(이를 드러내고) 씩 웃다

The koala grins at me evilly.
코알라는 나를 보며 사악하게 씩 웃는다.

우리말에서는 '생긋 웃다', '껄껄 웃다'처럼 '웃다'라는 동사 앞에 수식어를 덧붙여 웃음의 방식이나 분위기를 표현하는 경우가 많습니다. 반면 영어에서는 웃음의 형태나 강도에 따라 각각 다른 동사를 사용하는 경우가 많습니다. 이번 기회에 여러 가지 웃음 표현을 익혀 두면, 감정이나 분위기를 훨씬 더 구체적이고 자연스럽게 전달할 수 있습니다.

chuckle
조용히 웃다, 피식 웃다

He chuckled at the koala's story.
그는 코알라의 이야기를 듣고 조용히 웃었다.

guffaw
박장대소하다, 껄껄 웃다

He guffawed at the koala's story.
그는 코알라의 이야기를 듣고 박장대소했다.

sneer
비웃다, 조롱하다, 코웃음을 치다

We should not sneer at the koala.
우리는 코알라를 비웃으면 안 된다.

snicker
낄낄거리다, 비웃다

He snickers behind the koala's back.
그는 코알라의 등 뒤에서 낄낄거린다.

1-6 우는 방식으로 구분하는 '울다'

cry
울다, 눈물을 흘리다

The koala cried when he broke up with the kangaroo.
코알라는 캥거루와 헤어지면서 울었다.

sob
흐느껴 울다

The koala sobbed when he left Australia.
코알라는 호주를 떠나면서 흐느껴 울었다.

whimper
약하게 울다, 훌쩍이며 울다

The koala was whimpering when he got lost.
코알라는 길을 잃고 훌쩍거리며 울고 있었다.

blubber
엉엉 울다, 서럽게 흐느껴 울다

The koala blubbered when the kangaroo kicked him.
코알라는 캥거루에게 걷어차이고 엉엉 울었다.

'웃다' 표현처럼 '울다' 역시 울음의 방식이나 감정의 정도에 따라 다양한 동사로 나뉘어 사용됩니다. 같은 '울다'라도 상황에 따라 어울리는 단어가 다르기 때문에, 그 차이를 알고 있으면 감정을 훨씬 더 자연스럽고 정확하게 표현할 수 있습니다. 영어 단어를 일러스트 이미지와 연결해 재미있게 학습해 봅시다!

wail
통곡하다, 울부짖다

The koala wailed when his father passed away.
코알라는 아버지가 돌아가시자 통곡했다.

bawl
목 놓아 울다, (시끄럽게) 엉엉 울다

The koala bawled when his mother scolded him.
코알라는 엄마에게 혼나자 엉엉 울었다.

weep
(조용히) 흐느끼다, 슬피 울다

The koala wept upon hearing the news.
코알라는 그 소식을 듣고 슬피 울었다.

shed tears
눈물을 흘리다

After the game, the koala shed tears of joy.
경기가 끝난 후, 코알라는 기쁨의 눈물을 흘렸다.

기억해 두자!

shed tears는 '눈물을 흘리다'라는 뜻인데, tear를 단수형으로 사용하여 shed a tear라고 하면 '조금만 운다'라는 뉘앙스를 갖습니다.

1-7 정도에 따라 구분하는 '건강한'과 '피곤한'

강 ↑

hyper 과하게 흥분한, 지나치게 활발한
I get **hyper** when I see koalas!
나는 코알라를 보면 주체할 수 없을 만큼 신나요!

energetic 활기찬, 기운이 솟는
I get **energetic** when I hear the koala's voice.
나는 코알라 목소리를 들으면 힘이 난다.

fine 괜찮은, 좋은
The koala felt **fine** after he ate some eucalyptus.
코알라는 유칼립투스를 먹고 나서 괜찮아졌다.

all right (완전히는 아니지만) 괜찮은, 무리가 없는
The koala feels **all right**, but he should not climb trees.
코알라는 그럭저럭 괜찮지만, 나무 타기는 아직 무리다.

so-so 그저 그런, 별로 좋지도 나쁘지도 않은
I feel **so-so**, but I'm still coughing a lot.
몸 상태가 별로 좋지도 나쁘지도 않지만, 여전히 기침이 많이 난다.

약 ↓

건강한

기억해 두자!

hyper는 hyperactive의 줄임말이지만 구어에서 자주 사용됩니다. so-so는 '좋지도 나쁘지도 않다'라는 뉘앙스로, 너무 많이 사용하면 성의 없이 대답하는 인상을 줄 수 있으므로 주의해야 합니다.

How are you?(잘 지내세요?)라고 물었을 때, 실제로는 피곤하거나 지쳐 있어도 습관처럼 I'm fine, thank you.(네, 잘 지내요. 감사합니다.)라고 대답하는 경우가 많습니다. 하지만 영어로도 자신의 상태를 좀 더 정확하고 세밀하게 표현할 수 있습니다. 이번에는 기분이나 컨디션을 자연스럽게 말할 수 있는 표현들을 함께 익혀 봅시다.

강 ↑

exhausted 기진맥진한, 완전히 지친
The koala was **exhausted** after climbing the tree.
코알라는 나무를 타고 난 후 완전히 지쳤다.

bushed 몹시 지친, 녹초가 된
I'm **bushed** after playing catch with a koala.
코알라랑 캐치볼을 하고 나서 녹초가 되었다.

피곤한

tired 피곤한, 지친, 기운이 없는
I'm so **tired** from pulling an all-nighter studying for my exam.
밤새 시험 공부를 했더니 너무 피곤하다.

drowsy 졸린, 나른한, 몽롱한
I'm still **drowsy** because I drank too much with a koala last night.
어젯밤에 코알라랑 술을 너무 많이 마셔서 아직도 몽롱하다.

sluggish 몸이 무겁고 느릿한, 활기가 없는
I'm **sluggish** from having a bit of a cold.
감기 기운 때문에 몸이 축 처진다.

약 ↓

> **기억해 두자!**
>
> tired나 drowsy는 '졸린'이라는 뉘앙스로 자주 쓰입니다. sluggish는 민달팽이(slug)에서 파생된 말로 '느린'이라는 뜻도 가지고 있습니다.

1-8 정도에 따라 구분하는 '재밌있는'과 '재미없는'

강 ↑

hysterical 정신을 못 차릴 정도로 너무 웃긴
The koala's joke was **hysterical**.
코알라의 농담은 너무 웃겨서 참을 수 없었다.

hilarious 아주 우스운, 정말 웃긴
The comedy with the koala is **hilarious**.
코알라가 나오는 코미디는 엄청나게 웃기다.

재미있는

funny 웃긴, 재미있는
I heard something **funny** from the koala.
코알라한테 웃긴 얘기를 들었다.

humorous 유머 감각이 뛰어난, 재치 있는
Mr. Koala is someone who is always **humorous**.
코알라 씨는 항상 유머러스한 사람이다.

amusing 재미있고 즐거운
The koala is **amusing** to be with.
코알라와 함께 있으면 즐겁다.

약 ↓

> **기억해 두자!**
>
> 위에서 소개한 단어는 깔깔 웃게 될 만큼 '우스운' 의미의 재미를 담고 있습니다. 반면, 아마 많은 분들이 가장 먼저 떠올리는 interesting은 그런 유쾌함보다는 '흥미롭다'거나 '생각할 거리나 여운이 있다'는 뉘앙스의 재미를 나타냅니다.

친구들과 TV 프로그램이나 영화에 대해 이야기할 때, "재미있었어!", "별로였어."처럼 감상을 나누는 순간이 종종 있습니다. 이럴 때 영어로도 자연스럽게 말할 수 있도록, 자주 쓰이는 형용사 표현들을 여기에서 함께 정리해 보았습니다. 표현의 폭을 넓혀 두면, 대화도 훨씬 풍부하고 생생하게 이어질 수 있습니다.

mind-numbing 극도로 지루한
The koala's latest drama series is **mind-numbing**.
코알라의 최신 드라마는 너무 지루해서 머리가 멍해질 지경이다.

boring 지루한, 따분한, 재미없는
Working at the restaurant was **boring** for the koala.
코알라는 식당에서 일하는 게 따분했다.

dry 재미없고 감정이 없는, 썰렁한
I'm tired of the koala's **dry** jokes.
코알라의 재미없고 썰렁한 농담에 질렸다.

stale 식상한, 낡은, 진부한
The koala was not surprised at the **stale** news.
코알라는 그 오래된 소식에 전혀 놀라지 않았다.

flat 단조로운, 밋밋한
The koala's **flat** presentation made me feel sleepy.
코알라의 단조로운 발표 때문에 졸렸다.

강 ↑ 재미없는 ↓ 약

기억해 두자!

사물을 주어로 할 때는 That's boring.(그거 재미없네.) 이렇게 쓰지만, 자신이 재미없다는 감정을 나타낼 때는 I'm bored.라고 말해 주세요. I'm boring.이라고 말하면 '나는 지루한 사람이다'라는 뜻이 되므로 주의해야 합니다.

1-9 정도에 따라 구분하는 '무서운'

강 ↑

무서운

terrified
극심한 공포를 느끼는

horrified
소스라치게 놀란, 질겁한

frightened
깜짝 놀란, 겁먹은

alarmed
놀라고 불안한, 위기감을 느끼는

afraid / scared
두려운, 무서운 (일반적인 두려움)

약

※ 위 감정의 강도 순서는 감정의 성격, 촉발 요인, 반응 방식에 따라 달라질 수 있습니다.

'무서운' 감정도 그 정도나 상황에 따라 다양한 형용사를 사용할 수 있습니다. 우리가 자주 쓰는 scared와 afraid 역시 비슷해 보이지만 느낌의 뉘앙스에는 분명한 차이가 있습니다. 이번 기회에 무서움의 정도에 따라 쓸 수 있는 여러 표현과, 헷갈리기 쉬운 단어들의 차이점도 함께 살펴보고 기억해 두도록 합시다!

The koala is terrified of spiders.
코알라는 거미를 극도로 무서워한다.

I was horrified when I heard about the koala's accident.
코알라의 사고 소식을 듣고 경악했다.

I was frightened by the big kangaroo.
나는 큰 캥거루 때문에 겁을 먹었어.

The koala was alarmed by the sound.
코알라는 그 소리에 놀랐다.

The koala is good at climbing trees, but he is afraid of heights.
코알라는 나무 타는 것은 잘하지만, 높은 곳을 무서워한다.

> 기 억 해 두 자 !

afraid와 scared의 뉘앙스 차이를 살펴보겠습니다.
· I'm afraid of snakes. (〈원래 성격적으로 겁이 많아서〉 나는 뱀이 무서워.)
· I'm scared of the snake. (〈독이 있어서 등의 이유로〉 나는 그 뱀이 무서워.)

여러 가지 냄새 표현

fishy odor
생선 비린내

sweaty odor
땀 냄새

musty odor
꿉꿉한 냄새

reek of alcohol
술에 찌든 냄새

garlic odor
마늘 냄새

sewage odor
하수구 냄새

fecal odor
분변 냄새

burnt odor
탄내

기억해 두자!

'(사람에게) ~한 냄새가 난다'는 smell of ~로 표현할 수 있습니다. 예를 들어, '그녀는 꽃향기가 난다'는 She smells of flowers.입니다. '담배 냄새가 난다'는 He smells of smoke.로 표현합니다. smells of는 영국식에서 특히 흔하고 좋고 나쁜 냄새 모두에 쓰이지만, 미국식 일상회화에서는 smell like도 널리 쓰입니다.

냄새는 오감 중에서도 특히 기억과 깊게 연결된 감각이라서, 일상 속 대화에서도 자주 화제가 됩니다. 어떤 냄새는 기분 좋은 추억을 떠올리게 하고, 어떤 냄새는 불쾌한 감정을 불러오기도 합니다. 이번 기회에 좋은 냄새와 나쁜 냄새를 표현하는 다양한 형용사를 정리해 두면, 일상 표현이 훨씬 더 풍부해질 것입니다. 기억해 두고 상황에 맞게 활용해 보세요.

fruity smell
과일 향

citrus scent
시트러스 향

fresh scent
상쾌한 향

coffee aroma
커피 향

냄새를 나타내는 영어 단어

좋은 향기

- **savor** 풍미(음미하는 과정 강조)
- **aroma** 향기(음식의 매력적인 향)
- **flavor** 풍미(맛의 구성요소 강조)
- **scent** 향, 냄새(꽃, 향수, 사람 등)
- **fragrance** 꽃 등 달콤한 향기(고급스러운)

smell
일반적인 냄새

역겨운 냄새

- **reeking** 악취가 진동하는
- **malodor** 악취
- **stench** 숨막히는 악취, 썩는 냄새
- **pong** 고약한 냄새(비공식적인)
- **odor** 불쾌한 냄새

'푹신한', '까끌까끌한'처럼 감촉에 대한 표현은 일상에서 자주 쓰이지만, 학교에서는 잘 다루지 않아 영어로는 막상 말하기 어려운 경우가 많습니다. 이번에는 그렇게 말하고 싶어도 쉽게 떠오르지 않는 미묘한 감각의 뉘앙스들을 소개해 드리겠습니다. 감촉을 나타내는 다양한 형용사를 익혀 두면, 영어 표현이 훨씬 더 풍부하고 생생하게 바뀔 것입니다.

elastic 쫀쫀한, 신축성 있는

puffy 부푼

leathery 가죽 같은

furry 보송보송한, 털로 덮인

smooth (표면이) 매끄러운

flimsy 얇고 엉성한

squishy 물렁물렁한

thick 두툼한

jagged 삐죽삐죽한

보는 방식에 따라 구분하는 '보다'

stare
빤히 쳐다보다, 응시하다

You shouldn't stare at bears.
곰을 빤히 쳐다봐서는 안 된다.

eye
주시하다, 유심히 바라보다

I eyed the koala suspiciously.
나는 코알라를 의심스럽게 쳐다보았다.

witness
목격하다, 직접 보다

He witnessed a kangaroo stealing snacks.
그는 캥거루가 간식을 훔치는 것을 목격했다.

glance
힐끗 보다

The koala glanced at the mirror.
코알라는 거울을 힐끗 보았다.

우리말에도 '보다'라는 동사를 상황에 따라 '지켜보다', '바라보다', '살펴보다'처럼 다양하게 표현할 수 있습니다. 영어에서도 마찬가지로, '보다'는 단어 하나로 표현되지 않고 look, watch, see처럼 행동의 방식이나 의도에 따라 다른 동사를 사용합니다. 이번 기회에 이 세 단어의 차이를 정확히 이해하고, 영어식 감각으로 구분해서 말하는 연습을 해 봅시다!

spy
몰래 엿보다, 감시하다

The koala spied on my smartphone.
코알라는 내 스마트폰을 몰래 엿보았다.

study
집중해서 보다

The koala studied the map but he still got lost.
코알라는 지도를 집중해서 봤지만 결국 길을 잃고 말았다.

look / watch / see의 차이

look
의식적으로 시선을 돌리는 행위 자체에 초점

I looked at the kangaroo.
나는 캥거루를 쳐다봤어.

watch
시간을 갖고 지켜보며 변화나 움직임을 관찰하는 것에 초점

I watched the kangaroo.
나는 캥거루를 지켜보았다.

see
자연스럽게 시야에 들어와 인지하게 되는 것에 초점

I saw the kangaroo.
나는 캥거루를 봤다.

소리를 나타내는 다양한 표현들

clink
쨍그랑 울리다

Glasses clink.
잔이 쨍그랑 울리다.

squeak
삐걱거리다

The hinges squeak.
문이 삐걱거리다.

splash
팍 튀기다

Don't splash the paint.
페인트를 팍 튀기지 마라.

sizzle
지글지글 익다

The sausages are sizzling in the pan.
팬에서 소시지가 지글지글 익고 있다.

stop
딱 멈추다

The car stopped in front of the koala.
차가 코알라 앞에서 딱 멈췄다.

crash
쾅 부딪치다

The koala crashed his car while driving.
코알라가 운전 중 차를 쾅 하고 충돌시켰다.

우리말에서는 '딱 멈추다'나 '쾅 부딪치다'처럼 소리나 상황을 의성어와 함께 표현하는 경우가 많습니다. 그러나 영어에서는 stop, crash와 같은 동사를 사용하여 소리나 상황을 직접적으로 표현할 수 있습니다.

snap
딱 부러지다

The stick snapped.
막대기가 딱 부러졌다.

gnaw
오독오독 갉아 먹다

The koala gnaws anything.
코알라는 뭐든지 오독오독 갉아 먹는다

clap
짝짝 손뼉 치다

The koala clapped for us.
코알라는 우리에게 짝짝 박수를 쳤다.

knock
똑똑 두드리다

I heard a knock at the door from a koala.
코알라가 문을 똑똑 두드리는 소리가 났다.

vroom
부릉부릉 엔진음을 내다

The truck vroomed down the road.
트럭이 부릉부릉 소리를 내며 길을 달렸다.

strike
찰싹 때리다

The koala struck the horse with a whip.
코알라가 말을 채찍으로 찰싹 때렸다.

column

세계의 여러 가지 웃음 표현

우리나라에서는 'ㅋㅋㅋ'와 같은 인터넷 속어를 사용하여 웃음을 표현하지만, 이 표현은 해외에서는 통용되지 않습니다. 그러나 세계 각국에도 웃음을 나타내는 유사한 표현들이 존재합니다. 이제 그중 몇 가지 대표적인 예를 살펴보겠습니다.

영어권의 제스처

thumbs up
좋네!

so-so
그럭저럭

shrug
몰라, 글쎄

rock on
최고

air quotes
인용(소위...)

shoot me now
지루해 죽겠어, 미치겠다

한국인도 몸짓과 손짓으로 의사를 전달하는 경우가 있습니다. 해외에서도 마찬가지로 다양한 의미를 가진 제스처가 존재합니다. 하지만 같은 제스처라도 한국과 해외에서는 완전히 반대의 의미를 가질 수 있으므로 주의가 필요합니다.

인간의 손은 코알라와 달리 재주가 좋구나~

fingers crossed
행운을 빌다

money
돈

go away
저리 가

come here
이리 와

me
내가

I'm watching you.
너를 지켜보고 있어.

일상생활

아침에 일어나 잠들 때까지, 매일 반복되는
우리 삶의 동작들을 영어로 자신 있게 표현할 수 있나요?
'이것', '저것'처럼 매일 사용하는 사물들을 영어로
어떻게 말하는지 궁금했던 적은 없으신가요?
이번 장에서는 학교에서는 배우기 어려웠던 일상 속
필수 표현들을 배워보겠습니다. 스마트폰과 인터넷에
관련된 최신 표현까지 함께 준비했으니,
즐겁게 학습을 시작해 봅시다!

2-1 일상적인 행동을 나타내는 표현

6:00 AM

wake up to an alarm
알람 소리에 잠이 깨다

rub sleepy eyes
졸린 눈을 비비다

get out of bed
침대에서 일어나다

open the curtain
커튼을 열다

go to the bathroom
화장실에 가다

brush teeth
양치질하다

rinse mouth
입을 헹구다

wash face
세수하다

wipe face
수건으로 얼굴을 닦다

6:30 AM

아침형 인간(early bird / morning person)과 저녁형 인간(night owl / night person)이 있습니다. 아침에 일어나기 힘든 사람들은 종종 '침대에서 일어나기가 정말 힘들어.(It's hard to get out of bed.)'라고 말하며, '5분만 더 자고 싶어.(I want to stay in bed for five more minutes.)'라고 말합니다.

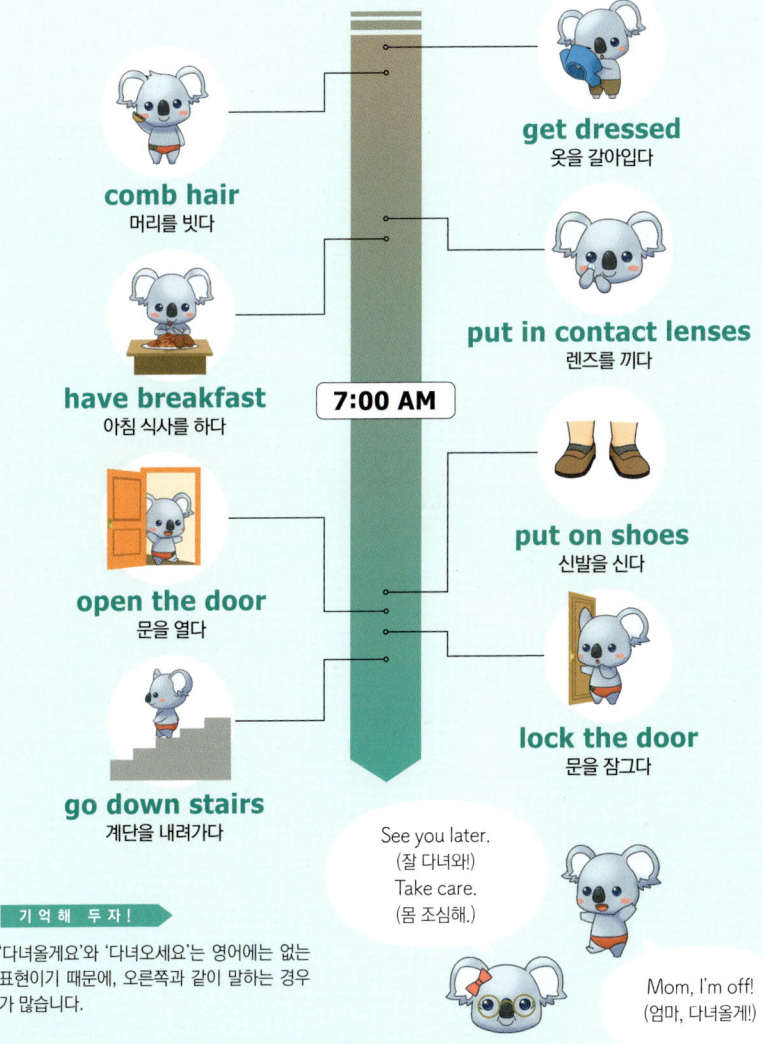

comb hair 머리를 빗다

have breakfast 아침 식사를 하다

open the door 문을 열다

go down stairs 계단을 내려가다

7:00 AM

get dressed 옷을 갈아입다

put in contact lenses 렌즈를 끼다

put on shoes 신발을 신다

lock the door 문을 잠그다

See you later. (잘 다녀와!)
Take care. (몸 조심해.)

Mom, I'm off! (엄마, 다녀올게!)

> 기억해 두자!
>
> '다녀올게요'와 '다녀오세요'는 영어에는 없는 표현이기 때문에, 오른쪽과 같이 말하는 경우가 많습니다.

2-2 일상적인 행동을 나타내는 표현

8:00 AM

fall back to sleep
다시 잠들다

tend to the garden
마당을 가꾸다

go for a walk with...
~와 산책가다

kill time at home
집에서 빈둥거리다

11:00 AM

go on a date with...
~와 데이트하러 가다

go shopping in a trendy neighborhood
핫플레이스에 쇼핑가다

stop by...
~에 들르다

run into...
~와 마주치다

12:00 AM

meet up with...
~와 만나다

영어권에서는 월요일이 되면 사람들이 How was your weekend?(주말은 어땠어?)라고 묻는 대화가 흔합니다. 이런 질문에 대비해 주말에 자주 하는 활동들을 영어로 표현하는 방법을 미리 알아두는 것이 좋습니다!

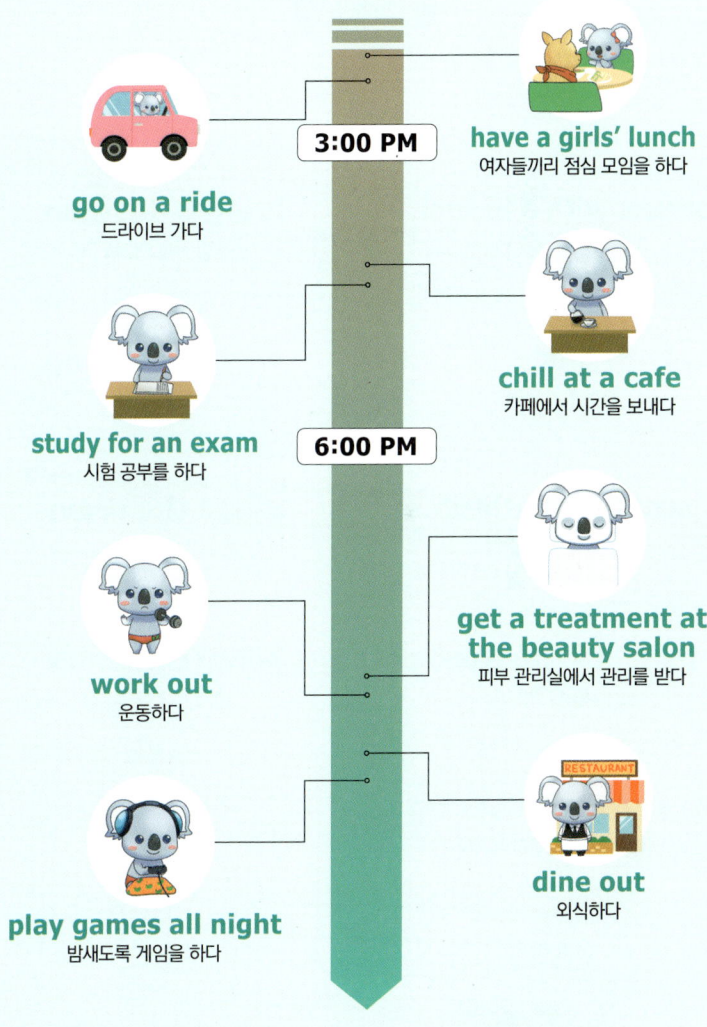

go on a ride
드라이브 가다

3:00 PM

have a girls' lunch
여자들끼리 점심 모임을 하다

study for an exam
시험 공부를 하다

chill at a cafe
카페에서 시간을 보내다

6:00 PM

work out
운동하다

get a treatment at the beauty salon
피부 관리실에서 관리를 받다

play games all night
밤새도록 게임을 하다

dine out
외식하다

2-3 청소·세탁에 관한 표현

청소 관련

vacuum
(진공청소기로) 청소하다

dust
먼지를 털다

sweep with a broom
빗자루로 쓸다

bring a dustpan
쓰레받기를 가져오다

mop
대걸레로 닦다

wipe with a rag
걸레로 닦다

scrub the bathtub
욕조를 문질러 닦다

clean the drain
배수구를 청소하다

take out the trash
쓰레기통을 비우다

clean the toilet
변기 청소를 하다

put away the garbage bag
쓰레기 봉투를 내다버리다

organize
정리정돈하다

'청소'나 '빨래'라고 간단히 말할 수 있지만, 실제로는 여러 세부 작업이 포함되어 있습니다. 이러한 각 공정을 잘 기억해 두는 것이 중요합니다. 청소를 좋아한다면 I like everything clean and tidy.(나는 모든 것을 깨끗하고 정돈된 상태로 유지하는 것을 좋아해.)라고 말해보세요. 또한, You are a tidy person.(너는 깔끔한 사람이구나.)라고 칭찬하면 그 사람이 기뻐할지도 모릅니다.

세탁 관련

clean the washing machine
세탁기를 청소하다

add detergent
세제를 넣다

put in the laundry net
세탁망에 넣다

do laundry
빨래하다

hang out the laundry
빨래를 널다

take in the laundry
빨래를 걷다

fold laundry
빨래를 개다

iron
다림질하다

remove a stain
얼룩을 제거하다

hand-wash
손빨래하다

change bed sheets
침대 시트를 갈다

put away clothes
옷을 정리하다

기 억 해 두 자 !

청소를 잘 못하는 것도 지나치면 귀찮을 수 있습니다. '불필요한 물건을 모아두고 버리지 못하는 사람'을 나타내는 영어 표현이 있습니다. hoarder라고 해서 최근에는 마음의 병으로 알려져 있습니다.

2-4 가게·시설의 명칭

일상생활에서 자주 가는 정육점이나 채소 가게 같은 곳들을 영어로 말하는 것이 의외로 어려운 사람들이 많을 수 있습니다. 여행 중에 길을 묻거나 안내할 때 이런 장소들에 대한 영어 표현을 알고 있으면 분명 도움이 될 것입니다.

bicycle shop 자전거 판매점
butcher shop 정육점
town hall 시청
supermarket 슈퍼마켓
dry cleaning store 세탁소
community hall 시민 회관
orthopedic clinic 정형외과 클리닉
pawnshop 전당포
bakery 빵집
convenience store 편의점
real estate agent 부동산 중개업소

> 기억해 두자!

'가게'라는 단어에는 shop과 store가 있습니다. shop은 주로 판매뿐만 아니라 제조나 가공 등의 작업도 하는 가게를 말하는 반면, store는 판매만 하는 가게를 의미합니다.

2-5 의외로 말하기 어려운 생활용품

청소용품

vacuum cleaner 청소기

lint roller 보풀 제거기

scrubbing brush 문지르는 솔

rag 걸레

trash can 쓰레기통

sponge 스펀지

bucket 양동이

dustpan 쓰레받기

broom 빗자루

mop 대걸레

rubber gloves 고무장갑

deodorizer 탈취제

disinfecting spray 항균 스프레이

plunger 뚫어뻥

detergent 세제

refill 리필

어려운 영어 단어를 외우는 것보다, 매일 사용하는 생활용품의 이름을 기억하는 것이 더 중요할 때가 있습니다. '보풀 제거기', '걸레', '파리채'와 같은 익숙한 물건들을 영어로 어떻게 말하는지 알고 계신가요?

세면도구 · 일용품

razor 면도기

electric razor 전기 면도기

toothbrush 칫솔

dental floss 치실

toothpaste 치약

comb 빗

sunscreen 선 크림

insect repellent 벌레 퇴치제

nail clipper 손톱깎이

ear pick 귀이개

shoehorn 구둣주걱

toothpick 이쑤시개

clothespin 빨래집게

flyswatter 파리채

piggy bank 저금통

ashtray 재떨이

2-6 의외로 말하기 어려운 전자제품

microwave
전자레인지

refrigerator
냉장고

freezer
냉동고

toaster oven
오븐토스터

dishwasher
식기세척기

rice cooker
밥솥
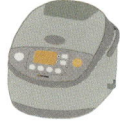

electric kettle
전기포트

blender
믹서기

stove
가스레인지

heater
난로

fan
선풍기

humidifier
가습기

매일 사용하는 전자 제품들 중에도 영어로 이름을 말하기 어려운 것들이 많을 수 있습니다. 특히, 우리말의 '스토브'와 영어에서의 stove는 서로 다른 의미를 가지므로 주의가 필요합니다.

dryer
건조기

air conditioner
에어컨

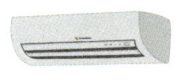

hair dryer
헤어드라이기

washing machine
세탁기

air purifier
공기청정기

copy machine
복사기

shredder
분쇄기

security camera
방범 카메라

sewing machine
재봉틀

battery charger
충전기

extension cord
연장 코드

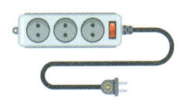

food processor
푸드 프로세서

2-7 시간대를 나타내는 단어

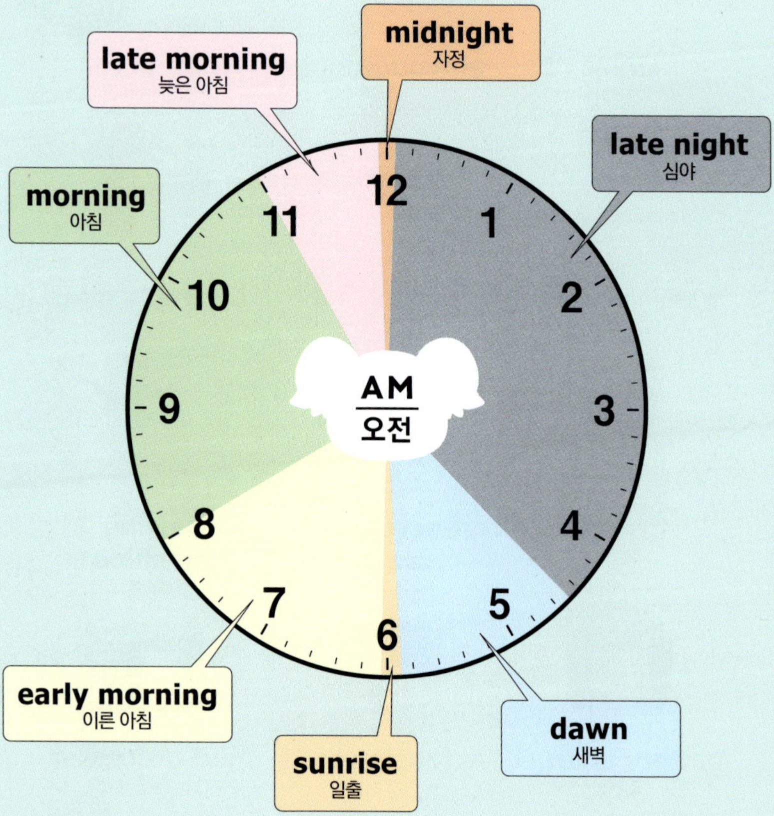

- **midnight** 자정
- **late morning** 늦은 아침
- **late night** 심야
- **morning** 아침
- **AM** 오전
- **early morning** 이른 아침
- **sunrise** 일출
- **dawn** 새벽

dawn은 twilight이라고 표현할 수도 있어요.

우리말처럼, 영어에서도 시간을 나타내는 방법은 숫자에만 국한되지 않습니다. '새벽', '자정', '심야'와 같은 시간대를 나타내는 표현들은 영어에서도 폭넓게 사용되며, 다양한 상황과 맥락에서 유용하게 쓰입니다.

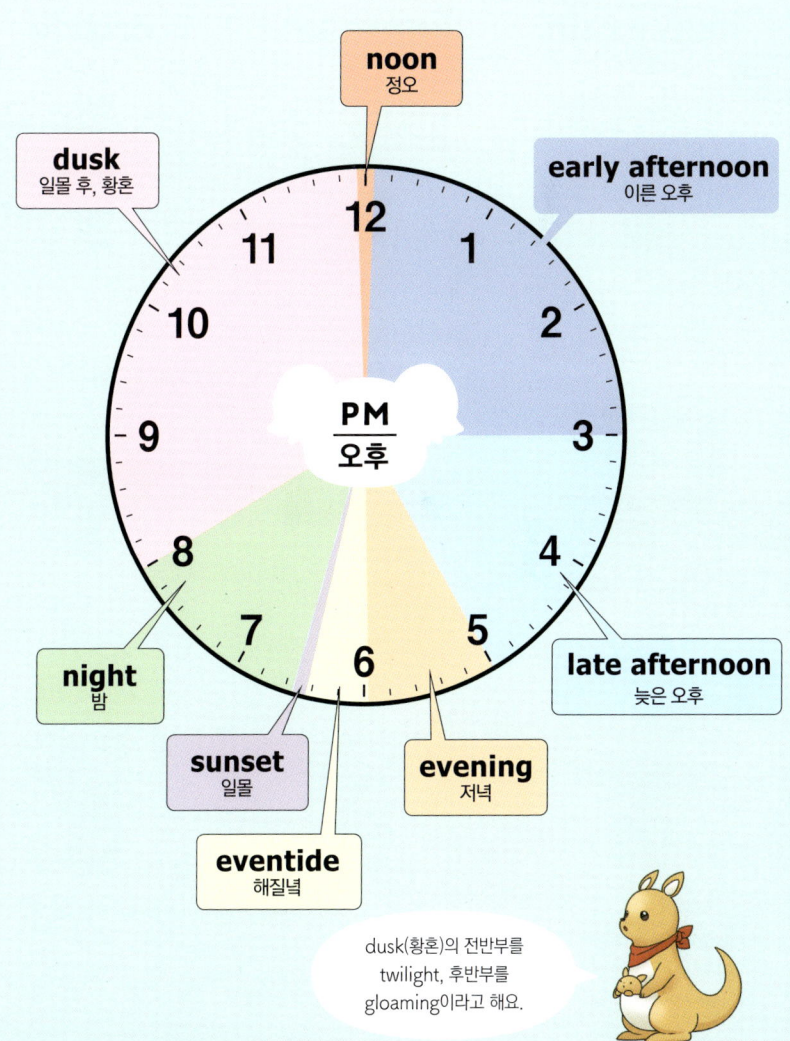

dusk(황혼)의 전반부를 twilight, 후반부를 gloaming이라고 해요.

2-8 의외로 말하기 어려운 날씨 표현

비

heavy rain
호우

light rain
가랑비

drizzle
안개비

shower
소나기

evening shower
저녁 소나기

rainstorm
폭풍우

안개

fog
짙은 안개

mist
안개

haze
엷게 낀 안개

이렇게 말해 보자!

일기예보에서 자주 사용하는 표현을 살펴보겠습니다.
Today will be mostly sunny with possible showers in the evening.
(오늘은 대체로 맑겠지만, 저녁에는 비가 올 가능성이 있습니다.)

기본적인 날씨 표현인 sunny(맑은), cloudy(흐린), rainy(비 오는)는 이미 알고 계시죠? 그렇다면 다른 날씨 조건들은 어떨까요? 일기예보(Weather forecast)에서 사용하는 다양한 영어 날씨 표현을 기억하는 것이 중요합니다.

눈

flurry
눈보라(약함)

blizzard
폭설(매우 강함)

sleet
진눈깨비(중간)

hail
우박

hailstone
우박 알갱이

frost
서리

번개

thunder
천둥

lightning
번개

thunderstorm
뇌우

> 이렇게 말해 보자!

Tomorrow will be the sunniest day of the weekend, with pleasant temperatures between 18 and 23 degrees Celsious and light breezes.
(내일은 주말 중 가장 맑은 날이 되겠으며, 기온은 18~23도 사이로 쾌적하고 산들바람이 불겠습니다.)

2-9 취미를 나타내는 표현

surfing the net
인터넷 서핑

anime
애니메이션

video games
비디오 게임

knitting
뜨개질

hit the gym
헬스장 다니기

cafe hopping
카페 투어

혼자 할 수 있다

photography
사진 찍기

batting cage
야구 연습장

driving
드라이브

hit the driving range
골프 연습장에서 공을 치다

walking
산책

checking out various eateries
맛집 탐방

해외에서 친구를 사귀고 싶다면 취미 활동을 활용하는 것이 좋습니다. 특히 혼자서 하는 취미가 아닌, 다른 사람들과 함께 할 수 있는 취미를 가지고 있다면, 영어 실력이 완벽하지 않더라도 네트워크를 넓힐 수 있습니다.

social media
SNS

karaoke
노래방

board games
보드게임

cooking
요리

chorus singing
합창 활동

yoga
요가

basketball
농구

live concerts
라이브 콘서트

study English
영어 공부

fan activities
팬클럽 활동

같이 할 수 있다

watching sports
스포츠 관람

survival games
서바이벌 게임

Let's have fun!

camping
캠핑

surfing
서핑

futsal
풋살

2-10 스마트폰 조작 관련 표현

tap
가볍게 탭하다

Tap the icon to launch the app.
앱을 실행하려면 아이콘을 가볍게 탭 하세요.

double tap
두 번 탭하다

Double tap to check the details.
더 자세한 정보를 확인하려면 두 번 탭 하세요.

tap and hold
길게 누르다

Tap and hold the link, then tap the second option.
링크를 길게 누른 다음, 두 번째 옵션을 선택하세요.

swipe
밀다

Swipe to unlock your smartphone.
손가락을 밀어 스마트폰 잠금을 풀어주세요.

swipe right
오른쪽으로 밀다

Swipe right to check the next message.
다음 메시지를 보려면 화면을 오른쪽으로 밀어 주세요.

swipe left
왼쪽으로 밀다

Swipe left to go to the next page.
다음 페이지로 이동하려면 왼쪽으로 미세요.

스마트폰은 이제 우리 생활에서 없어서는 안 될 필수품이 되었습니다. 영어로 대화를 나누다 보면 스마트폰 조작에 관한 이야기가 자주 나오는 경우가 있습니다. 이런 상황에 대비해 스마트폰 사용에 관한 설명을 할 수 있도록 미리 준비해두는 것이 좋습니다.

swipe up
위로 밀다

Swipe up to connect to the network.
위로 밀어서 네트워크에 연결하세요.

swipe down
아래로 밀다

Swipe down to delete photos.
아래로 밀어서 사진을 삭제하세요.

pinch in
손가락을 오므리다

Pinch in to zoom out of photos.
사진을 축소하려면 손가락을 오므리세요.

spread out
손가락을 벌리다

Spread out fingers to enlarge photos.
사진을 확대하려면 두 손가락을 벌리세요.

two-finger tap
두 손가락으로 탭하다

A two-finger tap puts it in power saving mode.
두 손가락으로 탭하면 절전 모드로 전환됩니다.

two-finger swipe
두 손가락 밀다

A two-finger swipe puts it in flight mode.
두 손가락으로 밀면 비행기 모드가 활성화됩니다.

SNS 및 서비스 이름에서 유래한 동사·형용사

google
구글에서 검색하다

Google it.
구글에 검색해 봐.

skype
스카이프 통화를 하다

I skyped Koala last night.
어젯밤에 코알라랑 스카이프로 통화했어.

instagrammable
인스타그램에 올릴 수 있는

A koala is instagrammable.
코알라는 인스타 각이야.

tweet
트윗하다

Koala tweets at least once a day.
코알라는 하루에 최소 한 번은 트윗해.

facebook
페이스북에 올리다

I facebooked a photo tagging Koala.
코알라를 태그해서 페이스북에 사진 올렸어.

uber
우버를 부르다

Let's uber.
우버 부르자.

우리가 일상적으로 사용하는 SNS나 서비스가 유명해지면, 그 서비스의 이름이 동사나 형용사처럼 사용하는 경향이 있습니다. 예를 들어, 우리말에서 '구글링하다'나 '트윗하다'라고 말하는 것과 같은 맥락입니다.

zoom
줌 통화하다

I zoomed with a salesperson from Koala company.

코알라 회사의 영업사원과 줌으로 미팅했어.

photoshop
포토샵에서 가공하다

This picture of Koala must be photoshopped.

이 코알라 사진, 포토샵한 게 분명해.

bing
빙으로 검색하다

You should bing Koala.

코알라를 빙에서 검색해 봐.

FedEx
페덱스로 보내다

Would you like to FedEx the stuffed koala?

코알라 인형을 페덱스로 보내줄까?

flickr
플리커에 올리다

Can you flickr any pictures of Koala?

코알라 사진을 플리커에 올릴 수 있어?

netflix
넷플릭스를 보다

Let's netflix "The Killer Koala"!

'더 킬러 코알라' 넷플릭스로 보자!

2-12 의외로 잘 모르는 영어 표현

슈크림	**cream puff**
핀셋	**tweezers**
주유소	**gas station**
노트북	**laptop**
컨닝	**cheating**
콘센트	**outlet**
호치키스	**stapler**
승리 포즈	**victory pose**
오픈카	**convertible**
마루바닥	**wooden floor**
벨크로	**Velcro**
언밸런스	**imbalance**
콩쿠르	**competition**
피에로	**clown**
흑백	**black and white**
클락션	**horn**

우리가 평소에 영어라고 생각하며 사용하는 말들 중에는 실제로 해외에서는 통용되지 않는 '한국식 영어'가 많습니다. 여기에서는 '어, 이것도 한국식 영어였어?'라고 놀랄 만한 단어들과 한국어처럼 자주 사용하지만 정확한 영어 표현은 몰랐던 단어들을 정리해 보았습니다.

데드라인	**deadline**
SNS	**social media**
앙케트	**questionnaire**
클레임	**complaint**
롤러코스터	**roller coaster**
터치스크린	**touch screen**
비디오 게임	**video game**
오락실	**video arcade**
원룸	**studio apartment**
뷔페	**buffet**
사이드 미러	**side-view mirror**
앞유리	**windshield**
핸들	**steering wheel**
깜박이	**turn signal**
사이드 브레이크	**parking brake**

영어로 된 아기 말

아기에게 말을 걸 때, 자동차를 '빠방'이라고 하거나 개를 '멍멍이'라고 부르는 것처럼 '아기 말'을 사용하는 것이 일반적입니다. 영어에도 마찬가지로 baby talk(아기 말)가 존재합니다. 이러한 표현들을 잘 활용하여 해외에서 귀여운 아기들과 좋은 관계를 맺어 보세요.

배

아기: **tummy**
성인: **stomach**

물

아기: **wawa**
성인: **water**

자동차

아기: **vroom-vroom**
성인: **car**

음식

아기: **num-num**
성인: **food**

저녁

아기: **din-din**
성인: **dinner**

기차

아기: **choo-choo**
성인: **train**

기억해 두자!

화장실은 potty 또는 bathroom, 오줌이 마렵다는 것은 pee-pee 또는 urinate, 대변이 마렵다는 것은 poo-poo 또는 doo-doo라고 자주 표현합니다. 예를 들어, I want to pee-pee!(쉬 마려)라고 말할 수 있습니다.

I want to pee-pee!
(쉬마려!)

column

미국 영어와 영국 영어의 차이

철자의 차이

- 🇺🇸 col**or**
- 🇬🇧 col**ou**r
  색

- 🇺🇸 cent**er**
- 🇬🇧 cent**re**
  중앙

- 🇺🇸 organi**z**e
- 🇬🇧 organi**s**e
  조직하다

단어의 차이

- 🇺🇸 vacation
- 🇬🇧 holiday
  휴가

- 🇺🇸 elevator
- 🇬🇧 lift
  엘리베이터

- 🇺🇸 gas
- 🇬🇧 petrol
  휘발유

발음의 차이

모음 사이의 **t**의
- 🇺🇸 **d**처럼 된다
- 🇬🇧 **t**를 그대로 발음한다

can't은
- 🇺🇸 캔트
- 🇬🇧 칸트

r은
- 🇺🇸 혀를 굴린다
- 🇬🇧 혀를 굴리지 않는다

기타 차이

날짜는
- 🇺🇸 월/일/년
- 🇬🇧 일/월/년

30분은
- 🇺🇸 **thirty minutes**
- 🇬🇧 **half an hour**

과거의 사건은
- 🇺🇸 비교적 과거형을 많이 사용
- 🇬🇧 비교적 완료형을 많이 사용

비록 모두 영어를 사용하지만, 나라마다 사용하는 단어나 철자가 조금씩 다릅니다. 대표적인 예로, 우리나라에서 '2층'을 언급할 때, 미국에서는 second floor라고 하지만 영국에서는 first floor라고 합니다. 이 때문에 '미국인과 영국인은 백화점에서 만나지 못한다'는 농담도 있습니다.

층수 세는 방법의 차이

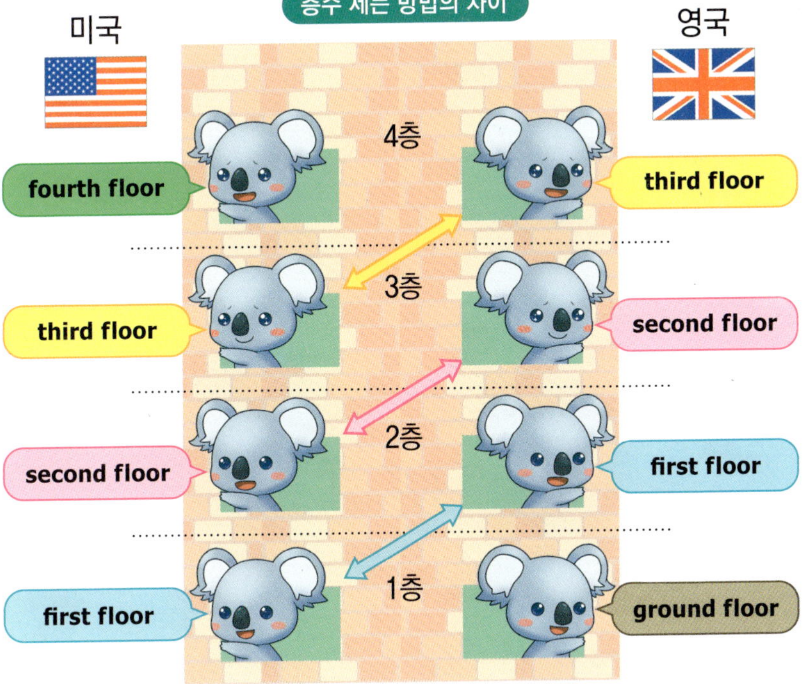

미국

한국	미국	영국
4층	fourth floor	third floor
3층	third floor	second floor
2층	second floor	first floor
1층	first floor	ground floor

영국

그 밖에도……
감자칩은 미국에서는 chips, 영국에서는 crisps.
감자튀김은 미국에서는 fries, 영국에서는 chips.
쿠키는 미국에서는 cookies, 영국에서는 biscuits.
차이점을 찾는 것도 재미있네!

영어 이름과 닉네임

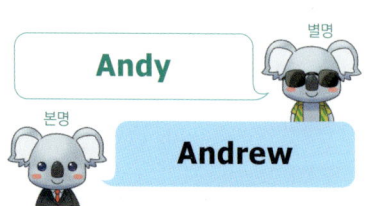

Alex, Andy, Bob과 같은 이름들은 우리나라에서도 잘 알려진 영어 이름이지만, 실제로는 이들 대부분이 별명일 때가 많습니다. 각각의 이름에는 실제 이름이 따로 있습니다. 특히, Richard나 William과 같은 이름의 닉네임은 원래 이름과 상당히 다른 인상을 주어 흥미롭습니다.

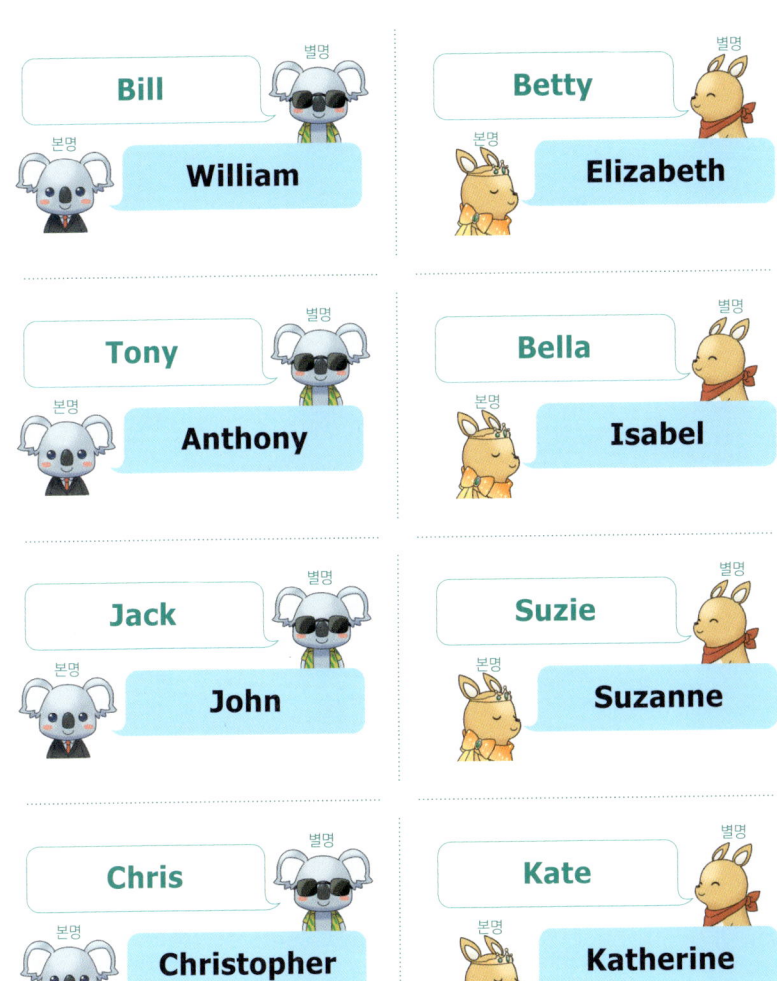

별명	본명
Bill	William
Betty	Elizabeth
Tony	Anthony
Bella	Isabel
Jack	John
Suzie	Suzanne
Chris	Christopher
Kate	Katherine

요리

요리와 관련된 표현들은 우리에게 매우 친숙합니다.
하지만 음식 맛을 표현할 때, '맛있다'나 '별로다' 외에
더 다채로운 단어를 사용하고 싶다고 생각한 적 없으신가요?
이번 장에서는 여러분의 식탁을 더욱 풍성하게 만들어 줄 요리와 맛에 관한
다양한 표현들을 배워보겠습니다.

3-1 요리에서 사용하는 동사

grate
갈아서 잘게 하다

mash
으깨다

stew
약불로 오래 끓이다

boil
삶다/끓이다

deep fry
기름에 튀기다

roast
굽다

toss
버무리다

stir
휘젓다

steam
찌다

heat up
데우다

> 이렇게 말해 보자!

Stew is made by **peeling** and then **boiling** potatoes and carrots before adding meat and onions and letting it **simmer** for about half an hour.
(스튜는 감자와 당근의 껍질을 벗겨 먼저 삶은 뒤, 고기와 양파를 넣고 약 30분간 뭉근히 끓여 만듭니다.)

끓이다, 삶다, 튀기다, 볶다… 요리에 사용하는 용어는 의외로 다양합니다. 조리 관련 단어를 외우고 해외 레시피를 참고하여 새로운 요리에 도전해 보는 것은 어떨까요?

grill
그릴에 굽다

scoop
건지다

fry
볶다/지지다

measure
측정하다

simmer
뭉근히 끓이다, 졸이다

defrost
해동하다

peel
껍질을 벗기다

taste
맛을 보다

> 이렇게 말해보자!

First, **defrost** the chicken until it's soft. Then, add salt and pepper, and cover the chicken in raw egg and bread crumbs before **heating up** some oil and **deep frying** the chicken into chicken katsu. (먼저 닭고기가 부드러워질 때까지 해동합니다. 그런 다음, 소금과 후추를 넣고, 날달걀과 빵가루를 묻힌 후, 기름을 달궈 닭고기를 치킨카츠로 튀깁니다.)

3 - 2 '썰다'를 나타내는 다양한 표현

chop
(큼직하게) 썰다, 토막내다

slice
썰다

finely chop
잘게 다지다

thinly slice
얇게 썰다

thickly slice
두껍게 썰다

cut into rectangles
직사각형으로 자르다

Cooking is a simple pleasure.
(요리는 소박한 즐거움입니다.)

'썰다'와 관련된 조리 동사는 영어에서 더욱 세밀하게 나뉩니다. 우리말에서는 '다지기', '얇게 썰기'처럼 명사로 표현하지만, 영어는 chop, slice, dice 등 동사로 동작의 차이를 명확히 구분합니다. 이러한 차이는 영어로 요리법을 배울 때 흥미로운 포인트가 됩니다.

cut into round slices
둥글게 썰다

dice
깍둑썰기하다

cut into chunks
덩어리로 썰다

cut ... into half
~을 2등분하다

cut ... into quarters
~을 4등분하다

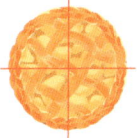

cut ... into six pieces
~을 6등분하다

이렇게 말해보자!

· **Finely chop** some garlic to put into the pasta. (파스타에 넣을 마늘을 잘게 다지세요.)
· Since there are 4 of us, let's **cut** the cheesecake **into quarters**.
  (4명이 있으니까 치즈케이크를 4등분하자.)

3-3 '먹다'를 나타내는 다양한 표현

gobble
허겁지겁 먹다

He gobbled up Baby Koala's cookies.
그는 아기 코알라의 쿠키를 허겁지겁 먹어 치웠다.

devour
게걸스럽게 먹다

The way you devour your food makes you look starved.
네가 음식을 게걸스럽게 먹는 모습이 굶주린 사람처럼 보인다.

munch
아삭아삭 씹다

Koala munched on some carrot sticks.
코알라가 당근 스틱을 아삭아삭 씹었다.

crunch
바삭바삭 소리 내며 씹다

Koala was eating potato chips and crunching too loud.
코알라는 감자칩을 먹으며 너무 시끄럽게 바삭 소리를 내며 씹었다.

slurp
후루룩 먹다

Korea's culture of slurping noodles often surprises westerners.
한국의 국수 후루룩 먹는 문화는 종종 서양인들을 놀라게 한다.

nibble
야금야금 먹다, 조금씩 집어 먹다

I want something to nibble.
뭔가 조금씩 집어 먹을 게 있었으면 좋겠다.

> 기억해 두자!

일반적으로 '먹다'를 나타내는 동사에는 have와 eat이 있습니다. have는 식전·식후를 포함하여 먹는 것에 관한 전체 시간을 나타내는 반면, eat는 먹는 행위 자체를 나타냅니다.

우리말에서는 '먹다'라는 동사에 '우적우적', '쩝쩝'과 같은 수식어를 사용해 먹는 방식을 표현합니다. 반면, 영어에서는 상황에 따라 다양한 동사를 사용하여 '먹다'를 나타냅니다. eat 외에도 munch(아삭아삭 먹다), nibble(야금야금 먹다) 등 다양한 동사가 있어, 먹는 방법의 강도, 속도, 방식을 다양하게 표현할 수 있습니다.

swallow
통째로 삼키다

I try and swallow food whole that I don't like.
나는 싫어하는 음식은 그냥 통째로 삼켜 버리려고 한다.

inhale
단숨에 먹다,
음식을 들이켜다

Koala inhaled the pasta.
코알라는 파스타를 단숨에 먹어 치웠다.

feast
성대하게 먹다

At Thanksgiving, they feasted on turkey.
추수감사절에 그들은 칠면조로 성대한 식사를 즐겼다.

chomp
우적우적 씹어 먹다

Koala chomped on his lunch.
코알라는 그의 점심을 우적우적 먹었다.

taste
맛보다

Make sure to taste your food properly.
음식은 제대로 맛보도록 하자.

snack
간식을 먹다,
군것질을 하다

Koala snacks on cookies and chocolate all day long.
코알라는 하루 종일 쿠키와 초콜릿을 먹으며 군것질을 했다.

> **기억해 두자!**
>
> chomp는 주로 영국에서 쓰이는 말이지만, 다른 나라에서 사용해도 위화감은 없습니다.

3-4 고기 부위 / 고기 익힘 정도

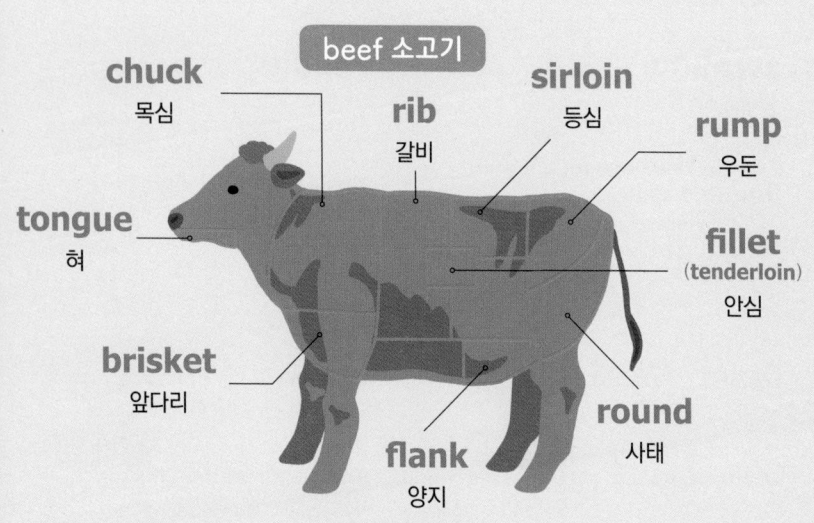

등심(loin)은 등쪽, 안심(tenderloin)은 그 안쪽 깊숙한 부위로, 각각 풍미와 부드러움이 특징입니다. 굽기 정도는 rare부터 well done까지 다양하니, 알고 있으면 주문할 때 도움이 됩니다.

chicken 닭고기

- **wing** 날개살
- **breast** 가슴살
- **breast tenderloin** 안심살
- **thigh** 넙적다리살

고기 익힘 정도

↑ 생

raw	로(날것)
blue	블루(거의 익히지 않음)
blue rare	블루 레어(아주 살짝 익힘)
rare	레어(안은 붉고, 육즙이 많음)
medium rare	미디엄 레어(미디엄보다 약간 덜 익힘)
medium	미디엄(중간 정도로 익힘)
medium well	미디엄 웰(미디엄보다 더 익힘)
well	웰(거의 완전히 익힘)
well done	웰던(완전히 익힘)
very well done	베리 웰던(고기를 태우듯 익힘)

안까지 익어 있는 상태

3-5 여러 가지 고기 부르는 법

 **cow** 소 →  **beef** 소고기

 **pig** 돼지 →  **pork** 돼지고기

 **chicken** 닭 →  **chicken** 닭고기

 **duck** 오리 →  **duck** 오리고기

영어에서 '소'를 말할 때는 cow처럼 앵글로색슨계 고대 영어에서 온 단어를 쓰지만, '소고기'는 beef처럼 프랑스어에서 유래한 단어를 사용합니다. 이는 11세기 노르망 정복 이후, 노동 계층은 동물 이름을, 지배 계층은 고기 이름을 주로 사용하면서 생긴 언어의 흔적입니다. 음식 문화와 사회 계층이 언어에 남긴 흥미로운 사례입니다.

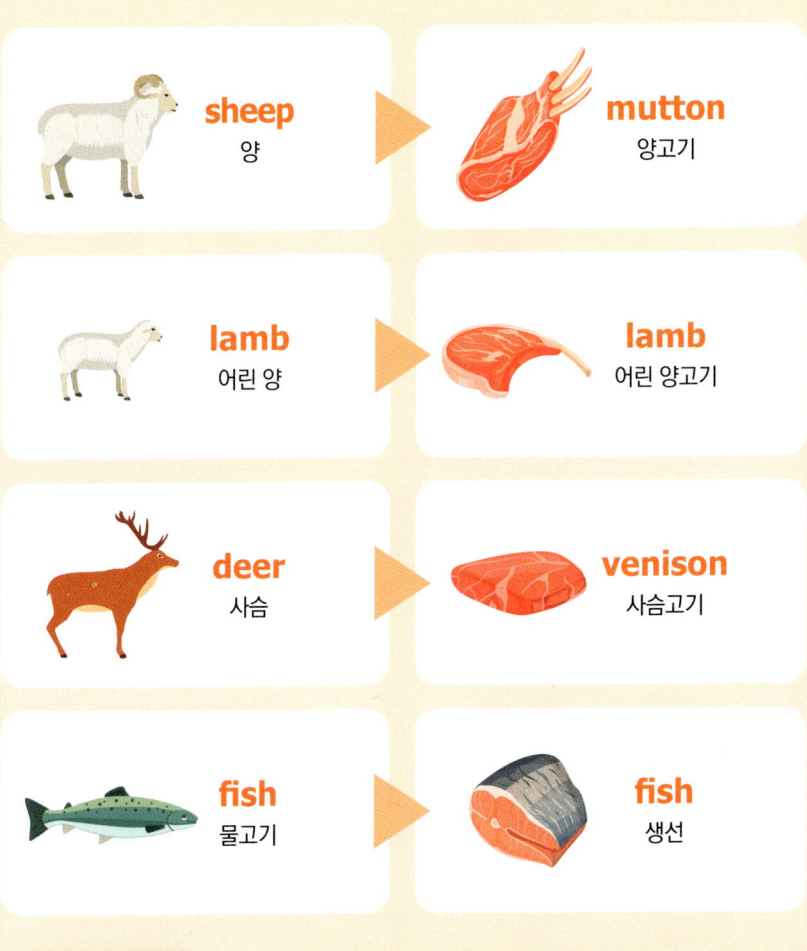

sheep 양 ▶ **mutton** 양고기

lamb 어린 양 ▶ **lamb** 어린 양고기

deer 사슴 ▶ **venison** 사슴고기

fish 물고기 ▶ **fish** 생선

기억해 두자!

동물의 이름은 셀 수 있는 명사(가산명사)이지만, 고기의 이름은 셀 수 없는 명사(불가산명사)로 분류된다는 점에 주의해야 합니다. 또한, 동물의 호칭은 연령이나 성별에 따라 달라질 수 있습니다(226, 228쪽 참조).

3-6 초밥 재료로 기억하는 수산물

인기 초밥 재료

1위 **salmon**
연어

2위 **lean tuna**
참치(살코기)

3위 **amberjack**
방어

4위 **medium fatty tuna**
중간 지방의 참치

5위 **shrimp**
새우

6위 minced tuna
다진 참치

7위 squid
오징어

8위 flatfish fin
광어 지느러미

9위 salmon roe
연어알

10위 sweet shrimp
단새우

마루하니치로 회전초밥 소비자 실태조사
https://www.maruha-nichiro.co.jp/corporate/news_center/news_topics/20220316_research_sushi2022.pdf

초밥은 얹는 재료에 따라 이름이 달라집니다. 연어(salmon), 참치(tuna), 새우(shrimp)처럼 수산물의 영어 이름도 메뉴를 보면 자연스럽게 알 수 있습니다. 이번에는 초밥을 통해 다양한 수산물 영어 단어를 재미있게 알아봅시다.

순위 밖이지만 인기 있는 초밥 재료

octopus
문어

red snapper
붉은 도미

mackerel
고등어

fatty tuna
지방이 많은 참치

scallops
가리비

sea urchin
성게

conger eel
붕장어

marlin
청새치

red clam
붉은 조개

bonito
가다랑어

flounder
도다리

swordfish
황새치

gizzard shad
전어

crab
게

rockfish
우럭

herring
청어

sardine
정어리

clam
대합

horse mackerel
전갱이

> 기억해 두자!

회전초밥은 영어로 여러 가지 표현이 있는데, 예를 들어 conveyor belt sushi, sushi-go-round, merry-go-round sushi 등으로 불립니다. 호주에서는 sushi train이라는 호칭도 일반적입니다.

여러 가지 식감 표현

음식을 즐길 때 단순히 맛뿐 아니라 '식감'도 중요한 요소로 작용합니다. 특히 fluffy(푹신푹신), crispy(바삭바삭)처럼 입에 감기는 소리 덕분에 단어만 들어도 감촉이 떠오르는 경우가 많습니다. 발음만으로도 느낌이 전해지는 표현들을 기억해 두면, 음식에 대한 감상을 더 풍부하게 말할 수 있게 됩니다.

sticky 쫀득한
grainy 알갱이가 씹히는
moist 촉촉한
smooth 매끄러운
creamy 부드러운
tough 질겅질겅한
watery 묽은
rubbery 고무 같은, 질긴

이렇게 말해 보자!

- The noodles are chewy. (그 라면은 쫄깃쫄깃하다.)
- The muffin is moist. (그 머핀은 촉촉하다.)
- The meat is rubbery. (그 고기는 질기다.)

의외로 말하기 어려운 맛을 나타내는 형용사

rich
풍미가 있는

bitter
씁쓸한

bittersweet
달콤 쌉쌀한

sweet and sour
달콤새콤한

spicy
얼큰한

tangy
톡 쏘는

aromatic
향긋한

greasy
느끼한, 기름진

light
담백한

sweet, salty, hot처럼 기본적인 맛 표현은 학교에서 배우지만, 실제로는 더 섬세한 단어들이 필요합니다. tangy는 상큼하고 자극적인 맛, savory는 짭짤하면서 감칠맛 나는 맛, bland는 밍밍한 맛을 나타냅니다. 이런 단어를 알면 맛 표현이 훨씬 풍부해집니다.

sugary
달콤한

brackish
짭짤한

gamy
누릿내가 나는

garlicky
마늘향이 강한

nutty
고소한

tart
시큼한

fishy
비린

gingery
생강 맛이 나는

syrupy
끈적하게 달달한

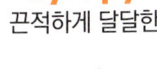

이렇게 말해 보자!

- The chicken is aromatic. (그 닭고기에서 향긋한 냄새가 난다.)
- The water is brackish. (그 물은 짭짤하다.)

3-9 정도에 따라 구분하는 '맛있는'과 '맛없는'

delicious 아주 맛있는(정중한 느낌)

The kangaroo jerky is **delicious**.
캥거루 육포는 매우 맛있다.

yummy 맛있는(비격식)

The kangaroo jerky is **yummy**.
캥거루 육포는 맛있다.

tasty 맛있는, 풍미가 좋은(친밀한)

The kangaroo jerky is **tasty**.
캥거루 육포가 감칠맛 맛있다.

good 맛있는, 괜찮은, 먹을 만한

The kangaroo jerky is **good**.
캥거루 육포가 꽤 먹을 만하다.

맛있는 →

집에서든 레스토랑에서든, 요리를 만들어 준 사람에게 '맛있다'고 표현하는 것은 무엇보다도 상대방에 대한 감사의 표시가 됩니다. 이 말을 자주 사용해 보세요!

맛없는

tasteless   아무 맛도 안 나는, 밍밍한

The kangaroo jerky is **tasteless**.
캥거루 육포에 아무런 맛이 나지 않는다.

not good   그다지 좋지 않은, 별로인

The kangaroo jerky is **not** very **good**.
캥거루 육포가 그다지 맛있지 않다.

horrible   끔찍하게 맛없는

The kangaroo jerky is **horrible**.
캥거루 육포는 끔찍하게 맛없다.

disgusting   역겨운, 구역질 나는

The kangaroo jerky is **disgusting**.
캥거루 육포는 역겨운 맛이다.

> 기 억 해 두 자 !

yummy는 주로 아이들이 사용하는 표현으로, '정말 맛있어!'라는 느낌을 전달하지만 약간 아이스러운 뉘앙스를 가집니다. 또한, 우리나라뿐만 아니라 해외에서도 요리를 해준 사람에게 '맛없어'라고 말하는 것은 무례한 행위로 간주되므로 주의해야 합니다.

의외로 말하기 어려운 주방용품

ladle 국자

turner 뒤집개

spatula 스패출러

whisk 거품기

slicer 슬라이서

peeler 필러

grater 강판

rice scoop 밥주걱

measuring spoons 계량스푼

can opener 통조림따개

bottle opener 병따개

corkscrew 와인 오프너

우리나라든 해외든 주방에서 사용하는 도구들은 대부분 비슷합니다. 단, 영어 레시피를 보다 보면 익숙하지 않은 이름들이 등장하곤 하지요. 여기서는 요리책이나 온라인 레시피에서 자주 보이는 주방 도구들의 영어 표현을 정리해 보았습니다. 이름만 알아도 레시피 이해가 훨씬 쉬워질 것입니다.

steamer 찜통

plastic container 플라스틱 용기

pot 양수냄비

pan 편수냄비

frying pan 프라이팬

wok 중식웍

strainer 소쿠리

sink-corner strainer 싱크대 코너 바구니

knife 식칼

cutting board 도마

measuring cup 계량컵

aluminum foil 알루미늄 호일

> 기 억 해 두 자 !

'락앤락'은 플라스틱 용기를 판매하는 회사의 이름으로, 한국 생활 속에 깊숙이 자리 잡았지만, 해외에서는 통용되지 않는 한국 특유의 영어 표현입니다.

column

알아두면 좋은
테이블 매너

나이프와 포크를 놓는 방법

start
식사 전일 경우

pause
아직 먹고 있을 경우

finished (US)
식사를 마친 경우 (미국식)

finished (UK)
식사를 마친 경우 (영국식)

해외여행 중 고급 레스토랑에서 식사할 기회가 생기면, 테이블 매너가 익숙하지 않아 당황할 수 있습니다. 특히 나이프와 포크의 올바른 위치, 냅킨을 사용하는 기본적인 예절만 알아도 훨씬 자연스럽게 식사 자리에 앉을 수 있습니다. 미리 익혀두면 낯선 자리에서도 당당하게 식사를 즐길 수 있을 것입니다.

냅킨 사용법

① 냅킨은 음식이 나왔을 때 무릎에 놓습니다.

② 냅킨의 안쪽으로 입을 닦습니다.

③ 잠시 자리를 비울 때는 냅킨을 의자 위에 놓아 둡니다.

④ 계산을 마치고 돌아올 때는 냅킨을 테이블 위에 놓습니다.

기 억 해 두 자 !

고급 레스토랑에서는 식사 중에 자리를 지키는 것이 예절입니다. 디저트를 시작할 때까지 자리를 비우는 것은 피해야 합니다.

column

커피의 종류

espresso
에스프레소

espresso macchiato
에스프레소 마끼아또

americano
아메리카노

long black
롱블랙

café latte
카페라떼

café au lait
카페오레

우리나라에서는 커피 소비가 증가하면서 아메리카노뿐만 아니라 다양한 커피 종류를 일상에서 즐기게 되었습니다. 여러분도 카페라떼와 카푸치노의 차이점에 대해 설명할 수 있나요?

café mocha
카페모카

flat white
플렛 화이트

Vienna coffee
비엔나 커피

cappuccino
카푸치노

latte macchiato
라떼 마끼아또

hot chocolate
핫초코

학교 생활 · 친구 사귀기

학교는 삶에서 많은 시간을 보내는 중요한 공간입니다.
그런데 학교에서 매일 사용하는 문구류를 영어로
자신 있게 말할 수 있나요? 이번 장에서는 학교생활뿐만 아니라,
앞으로 사회생활에서도 꼭 필요한 '인간관계와 커뮤니케이션'에 관한
유용한 표현들도 함께 배워보겠습니다.
평소 익숙하다고 생각했던 단어들이
의외로 낯설게 느껴져 깜짝 놀랄 수도 있습니다.

4-1 여러 가지 학교

elementary school 초등학교
kindergarten 유치원
cram school 보습학원
nursery school 어린이집
magnet school 특성화 고등학교
junior college 2년제 대학

> 기 억 해 두 자 !

college는 단과대학, university는 종합대학을 나타냅니다. 다만, '나는 대학생이다.'라고 말할 때는 단과대학이나 종합대학이냐에 관계없이 I'm a college student. 라고 하는 것이 일반적이고, I'm a university student.라고는 잘 말하지 않습니다.

국가나 지역에 따라 교육 제도가 다르지만, 외국인과 대화할 때 학교와 교육에 관한 화제는 자주 등장합니다. 우리나라 교육을 소개할 때 빼놓을 수 없는 각 교육 기관의 호칭을 정리해 외워봅시다.

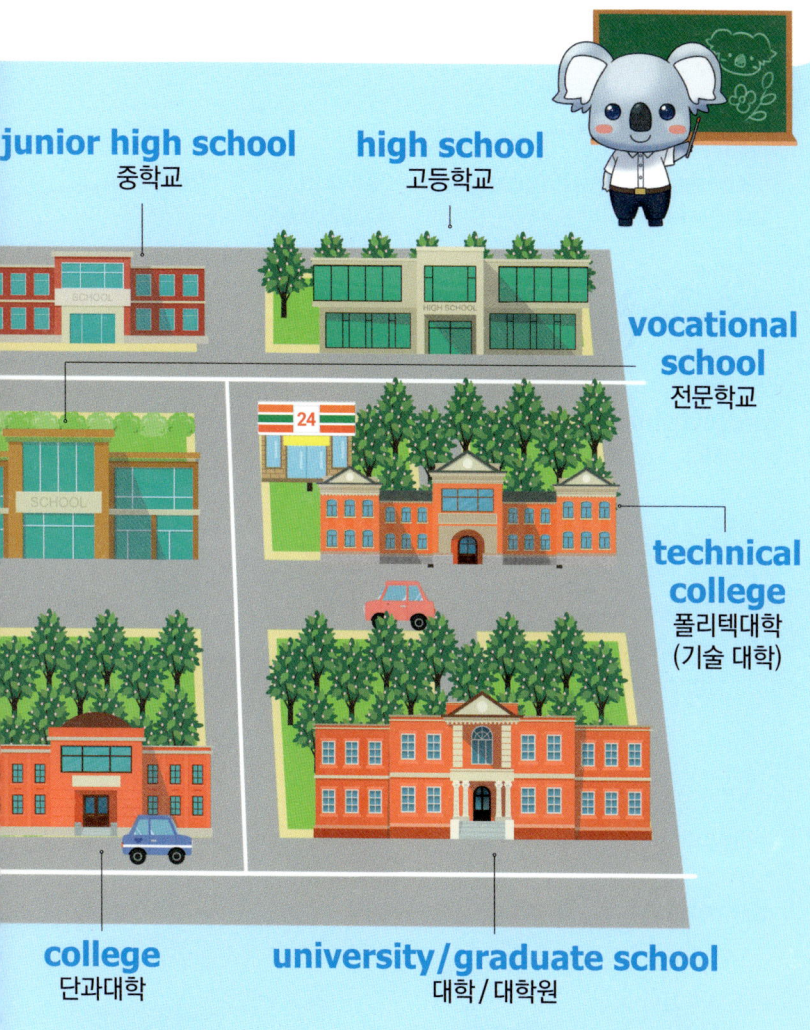

junior high school 중학교

high school 고등학교

vocational school 전문학교

technical college 폴리텍대학 (기술 대학)

college 단과대학

university/graduate school 대학/대학원

기억해 두자!

교육 시스템은 국가별로 차이가 있어, 각국의 교육 기관 명칭도 다양합니다. 여기서 소개하는 것은 그 중 하나의 예시일 뿐입니다. 특히 한국은 학원 문화가 세계적으로도 독특하며, 이를 cram school(크램 스쿨)이라고 부르기도 하는데, 이 역시 국제적으로 인정받는 표현입니다.

4-2 여러 가지 교과·학문

Korean language 국어	**mathematics** (math) 수학	**social studies** 사회	**history** 역사
geography 지리	**ethics** 윤리	**civics** 시민교육	**natural science** 과학
music 음악	**fine arts** 미술	**home economics** 가정교육	**physical education** (P.E.) 체육
chemistry 화학	**biology** 생물학	**physics** 물리학	**economics** 경제학

초등학교, 중학교, 고등학교, 대학교의 '학과'를 소개합니다. 우리나라에서는 대학 전공을 '나는 ○○과입니다'라고 표현하지만, 영어로 'My department is...'라고 직역하면 다소 부자연스러울 수 있습니다. 대신, 'My major is ...' (나는 ...를 전공하고 있습니다)나 'I study ...' (나는 ...을 공부하고 있습니다)와 같은 표현을 자주 사용합니다.

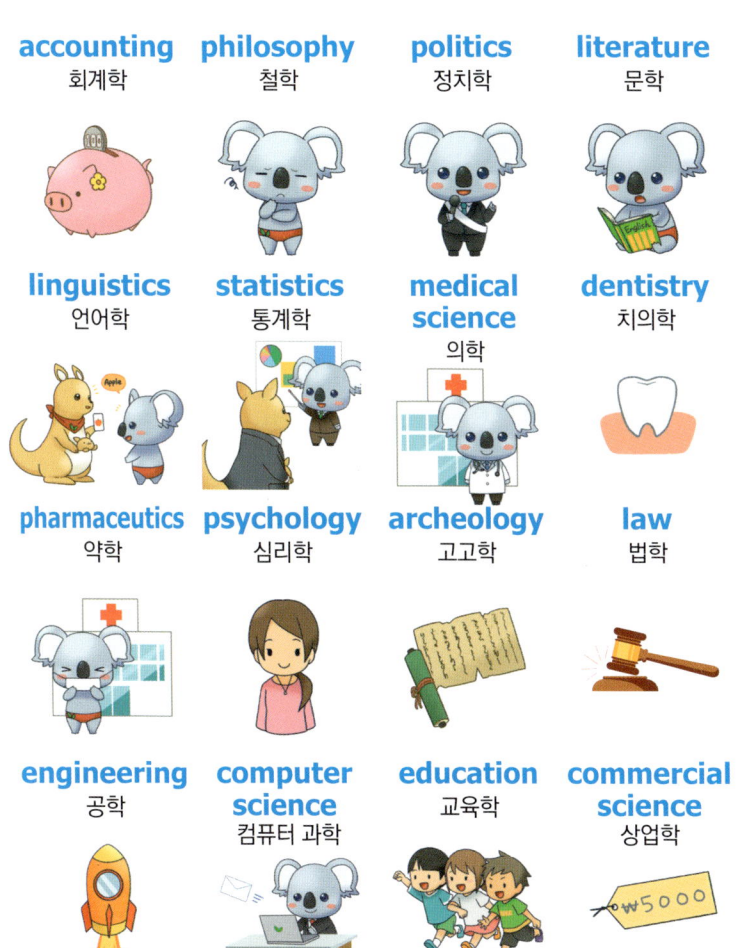

accounting 회계학	**philosophy** 철학	**politics** 정치학	**literature** 문학
linguistics 언어학	**statistics** 통계학	**medical science** 의학	**dentistry** 치의학
pharmaceutics 약학	**psychology** 심리학	**archeology** 고고학	**law** 법학
engineering 공학	**computer science** 컴퓨터 과학	**education** 교육학	**commercial science** 상업학

4-3 여러 가지 학교 행사

【행사·이벤트】

entrance ceremony 입학식
graduation ceremony 졸업식
school festival 학교 축제
sports festival 체육 대회
choral competition 합창 대회

school picnic 소풍
Company and Factory Visits 기업 및 공장 견학
field trip 체험학습
school trip 수학여행
workplace experience 현장실습

【현장 학습】

send-off party 송별 파티(이별을 기념)
farewell party 송별회(다음 여정을 응원)
school assembly 학교 전체 모임
grade assembly 학년 모임

【모임】

학교 행사는 즐거운 추억으로 가득하지만, 그 영어 명칭은 잘 알려져 있지 않습니다. 우리나라의 독특한 행사를 영어로 표현하여 학창 시절의 추억을 생생하게 이야기해 볼 수 있도록 해봅시다.

physical examination 건강 검진
body measurement 신체 측정
dental checkup 치과 검진
eye checkup 안과 검진
internal medicine checkup 내과 검진
evacuation drill 대피 훈련

【검진 및 교육】

class observation 수업 참관
home visit 가정 방문
private interview 개인 면담
parent-teacher-student conference 삼자 면담

【부모와 자녀 함께】

【기타】

cleaning day 대청소
arts appreciation 예술 감상 활동
school anniversary 개교 기념일
teaching practice 교육 실습

4-4 의외로 말하기 어려운 사무용품·문구

우리나라의 문구류는 품질이 좋아 해외여행 때 기념품으로 가져가면 대부분 만족해합니다. 귀여운 지우개나 볼펜은 오래전부터 인기가 많았는데, 요즘에는 '지울 수 있는 볼펜'도 그 편리함 때문에 인기를 끌고 있습니다.

packing tape 박스 테이프
magnifying glass 돋보기
correction fluid 수정액
stapler 스테이플러
clear tape 투명 테이프
protractor 각도기
erasable pen 지울 수 있는 볼펜
double-sided tape 양면 테이프
paper clip 종이 클립
retractable knife 커터칼
rubber band 고무줄
highlighter 형광펜

4-5 여러 가지 실험 기구

test tube
시험관

forked test tube
포크형 시험관

test tube clamp
시험관 클램프

test tube stand
시험관 거치대

T-tube
T-튜브

stirring rod
유리 막대

flask
플라스크

round-bottomed flask
둥근 바닥 플라스크

flat-bottomed flask
평평한 바닥 플라스크

side-arm flask
분지 플라스크

beaker
비커

alcohol burner
알코올 램프

과학실에서 사용하는 다양한 실험 기구를 영어로 소개하겠습니다. 일부 기구의 이름은 실제로 영어가 아닌 다른 언어에서 유래한 경우가 있어, 그 기원에 대해 알아두는 것도 흥미롭습니다. 예를 들어, '핀셋'은 네덜란드어에서, '유리병'은 독일어에서 온 단어입니다.

tripod
삼각대

funnel
깔때기

graduated cylinder
눈금이 표시된 실린더

stand
스탠드

pipette
피펫

tweezers
핀셋

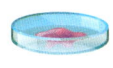
petri dish
페트리 접시

evaporating dish
증발 접시

gas collecting bottle
가스 수집병

sample slide
샘플 슬라이드

Bunsen burner
가스 버너

microscope
현미경

비커는 beak(새의 부리)에서 이름이 유래했다니….

교육 문제 관련 핵심 어휘

괴롭힘	**bullying**
교권 추락	**decline of teachers' authority**
무단 결석자	**truant**
디지털 격차	**digital divide**
교육과정 개편	**curriculum revision**
입시 지옥	**examination hell**
중퇴	**drop out**
학력 사회	**academic meritocracy**
교육 격차	**education gap**

우리나라에서도 학교 폭력이 문제가 되고 있습니다. 미국을 비롯한 몇몇 국가에서는 여러 가지 이유로 home schooling(가정교육)이 활발하게 이루어지며 법적으로도 인정되고 있습니다. 또한, 대학에서 제공하는 다양한 온라인 프로그램도 존재합니다. 이번에는 교육과 관련된 핵심 어휘를 알아보도록 하겠습니다.

선행학습	learning in advance
주입식 교육	rote learning
체벌	physical punishment
학교 폭력	school violence
자기주도학습	self-directed learning
교원 부족	lack of teachers
인성교육	personality education
남녀공학	coeducation
폐교	closing of school

여러 가지 시험

- **mid-term exam** 중간고사
- **final exam** 기말고사
- **entrance exam** 입학 시험
- **practice exam** 모의고사
- **makeup exam** 재시험
- **academic ability test** 학력 평가 시험
- **learning ability test** 학습 능력 평가 시험
- **true or false test** OX 테스트

학창 시절에 피할 수 없는 것 중 하나가 수많은 시험입니다. 장래에 유학을 생각하고 있는 사람은 해외 대학에서도 school report(학교 성적표)가 중요합니다. 꾸준한 노력을 통해 좋은 성적을 얻어두는 것이 좋겠습니다.

- **machine-scored exam** 자동 채점 시험
- **quiz** 쪽지시험
- **written exam** 필기 시험
- **listening comprehension test** 리스닝 테스트
- **multiple choice test** 객관식 시험
- **oral exam / interview** 구술 시험/면접
- **skill test** 실기 평가
- **physical strength and fitness test** 체력 검사

기 억 해 두 자 !

시험과 관련된 표현을 추가로 소개해드리겠습니다. 시험에서 컨닝하는 것을 cheat on an exam이라고 하고, 빨간 점수, 즉 낙제점을 받는 것은 get a failing grade라고 표현합니다. 벼락치기 공부는 all-night cramming이라고 하는데요, 하지만 "You can't pass the exam by all-night cramming." 즉, "한밤중에 벼락치기로는 시험에 합격할 수 없어요."라는 말처럼, 이러한 방법으로는 성공적인 시험 결과를 기대하기 어렵다는 의미입니다.

친구를 나타내는 다양한 표현

friend
친구

a friend of a friend
친구의 친구

close friend
친한 친구

true friend
진정한 친구

best friend
둘도 없는 친구

childhood friend
소꿉친구

classmate
동급생

workmate
직장 동료

'친구'라고 한 단어로 얘기할 수도 있지만, 지나가다 마주치면 인사하는 정도의 '친한 친구'부터 무엇이든 이야기할 수 있는 '친한 친구'까지 다양한 친구 관계가 존재합니다. 이번에는 다양한 친구 관계에 대해 정리해보겠습니다.

acquaintance
지인

frenemy
친구를 가장한 적

alter ego
나의 분신

buddy
인사 정도만 나누는 친구

confidant
깊이 신뢰하는 친구

female friend / male friend
여자 사람 친구/ 남자 사람 친구

companion
동반자 / 함께하는 사람

study buddy
공부 친구

> 기 억 해 두 자 !

영어에서 *boyfriend* 혹은 *girlfriend*라고 하면 교제 중인 남자친구·여자친구를 의미하기 때문에 이 구분을 주의해야 합니다.

4-9 성격을 나타내는 형용사

cheerful ↔ **gloomy** 밝은 어두운	**serious** ↔ **frivolous** 진지한 경솔한 / 경박한
extroverted ↔ **introverted** 외향적인 내성적인	**decisive** ↔ **indecisive** 결단력이 있는 우유부단한
jovial ↔ **withdrawn** 쾌활한 수줍어하는	**humble** ↔ **arrogant** 겸허한 거만한
optimistic ↔ **pessimistic** 낙관적인 비관적인	**obedient** ↔ **twisted** 순종적인 비뚤어진

사람을 소개할 때 '밝은 사람입니다', '친절한 사람입니다', '성실한 사람입니다'와 같이 성격을 언급하는 경우가 많습니다. 이런 표현들을 '반대어'와 함께 외워두면 어휘력을 효율적으로 향상시킬 수 있습니다.

chatty ↔ **silent**
수다스러운 / 조용한

careful ↔ **careless**
신중한 / 부주의한

kind ↔ **unkind**
친절한 / 불친절한

studious ↔ **lazy**
근면한 / 게으른

warmhearted ↔ **coldhearted**
다정한 / 쌀쌀한

brave ↔ **cowardly**
용감한 / 소심한

independent ↔ **dependent**
독립적인 / 의존적인

sincere ↔ **insincere**
성실한 / 불성실한

She is cheerful.
I like her!
(그녀는 밝고 명랑해.
나는 그녀가 좋아!)

4-10 성격을 나타내는 명사

wimp 겁쟁이

nerd 덕후

egghead 공부벌레

cold fish 냉정한 사람

chatterbox 수다쟁이

copy-cat 따라쟁이

happy camper 항상 만족하고 행복한 사람

bright spark 똑똑하고 재치 있는 사람

괴짜, 수다쟁이, 말괄량이… 당신 주변에도 한 명쯤은 꼭 있는 인물들입니다. 여기에서 소개하는 단어들은 모두 사람을 가리키는 명사이며, 앞에 a(an) + 명사 형식으로 쓰여 'ㅇㅇ한 사람'이라는 뜻을 나타냅니다. 이 단어들을 보면 누군가가 떠오를지도 모릅니다. 이제 이 단어들을 실제로 주변 사람에게 대입해 보며 익혀 보겠습니다.

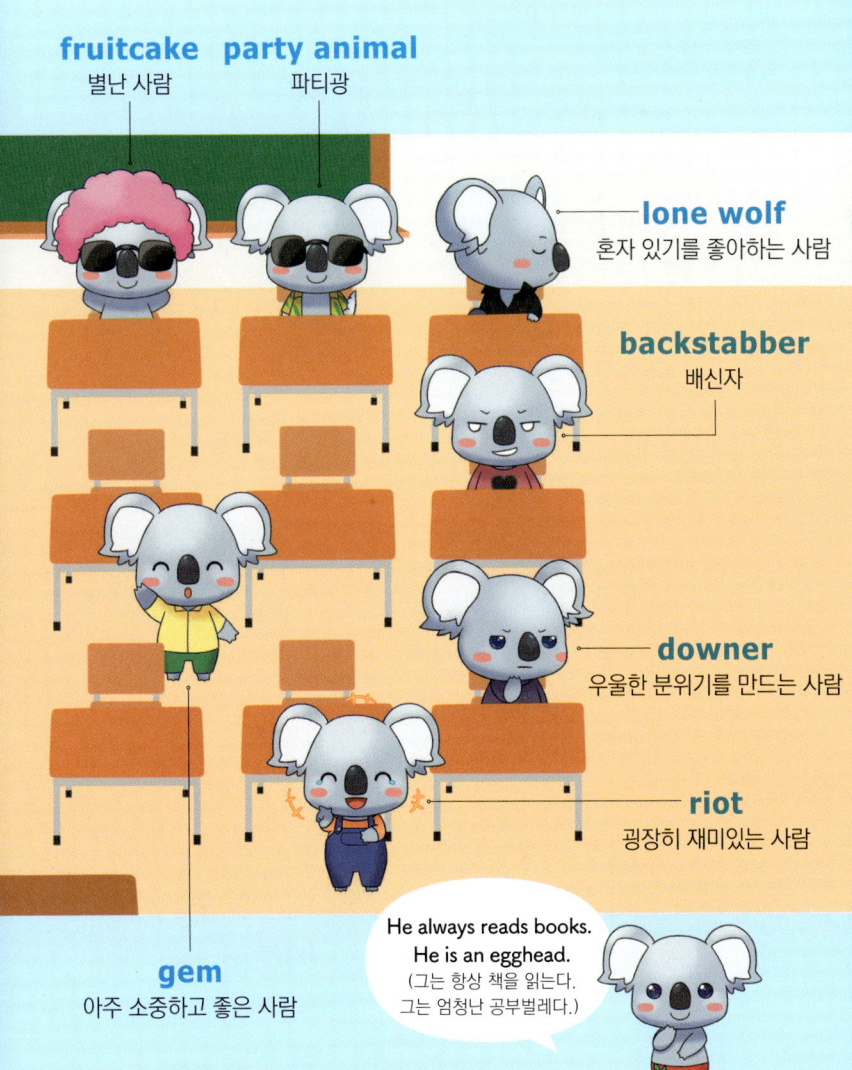

fruitcake 별난 사람
party animal 파티광
lone wolf 혼자 있기를 좋아하는 사람
backstabber 배신자
downer 우울한 분위기를 만드는 사람
riot 굉장히 재미있는 사람
gem 아주 소중하고 좋은 사람

He always reads books. He is an egghead.
(그는 항상 책을 읽는다. 그는 엄청난 공부벌레다.)

일상 회화에서 자주 사용하는 줄임말

4 - 11

헐리우드 영화나 팝송을 즐기다 보면 단축 표현이 자주 등장합니다. 이런 표현들은 일상 대화에서도 흔히 사용되므로, 능숙하게 사용할 수 있다면 영어 실력이 향상될 것입니다. 그러나 이러한 표현들은 주로 친밀한 말투에서 사용되며, 공식적인 문서나 상황에서는 적합하지 않을 수 있습니다.

you의 변화

don't you Doncha know?	▶	**doncha** 몰라요?
got you Gotcha.	▶	**gotcha** 알았어.
what are you Watcha doing?	▶	**watcha** 뭐해?
bet you You betcha!	▶	**betcha** 틀림없어!

기타

let me Lemme know.	▶	**lemme** 알려줘.
give me Gimme a sec.	▶	**gimme** 잠깐 기다려.
don't know Dunno.	▶	**dunno** 몰라.
come on C'mon guys!	▶	**c'mon** 어서, 얘들아!

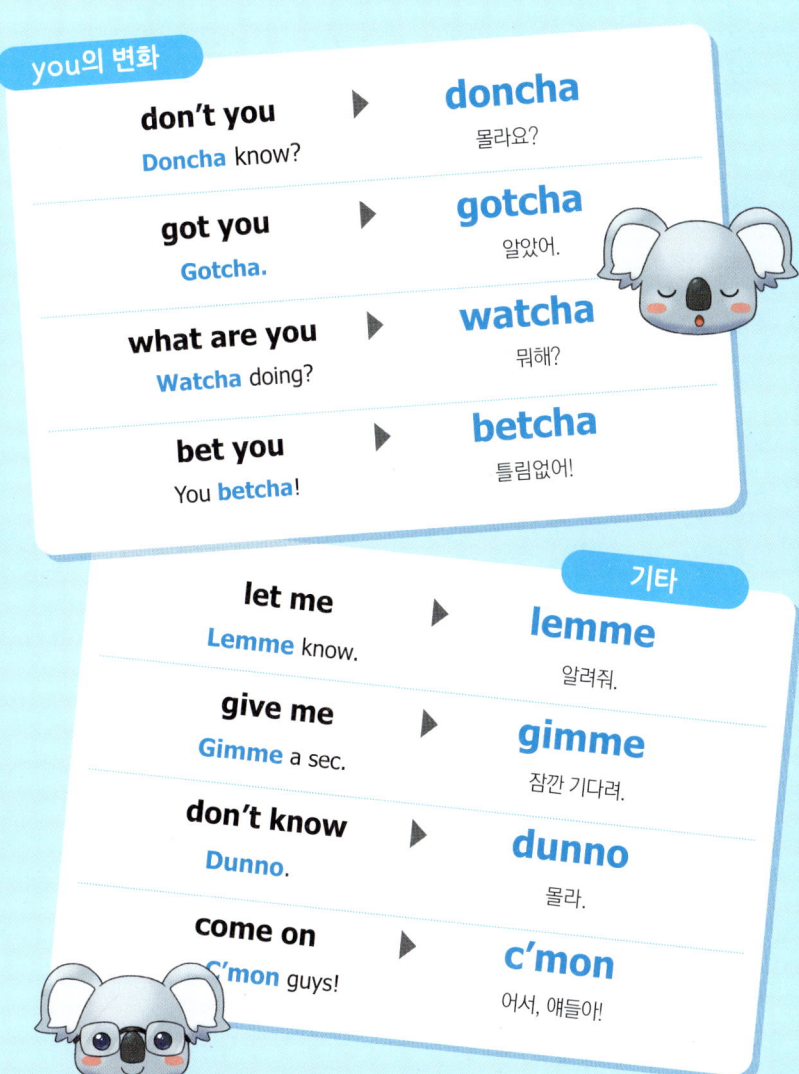

4-12 인터넷에서 자주 사용하는 줄임말 / 여러 가지 웃음

약어

원형	약어	번역
for	4	(전치사)
before	B4	~전에
because	cuz	왜냐하면
see you	cya	안녕
facebook	fb	페이스북
girlfriend	gf	여자 친구
boyfriend	bf	남자 친구
I see	ic	알겠다
just kidding	jk	농담이야
OK	k	알겠어
love	luv	사랑해
please	plz	제발
people	ppl	사람
and	n	그리고
are	r	(be 동사)
you	u	너

원형	약어	번역
your	yr	너의
thanks	thx	고마워
birthday	bday	생일
text	txt	문자
wait	w8	잠깐만요
with	w/	~와 함께
without	w/o	~없이
sorry	sry	미안
good	gd	좋아
why?	y	왜?
congratulations	gz	축하합니다!
never mind	nvm	신경 쓰지 마
got to go	g2g	이제 가자
bye for now	b4n	또 만나
what's up?	sup	잘 지냈어?
no problem	np	문제없어

해외 사람과 SNS나 채팅으로 소통할 때, 낯선 줄임말이 나오면 당황할 수 있습니다. 원어민은 이러한 줄임말을 매우 자주 사용하지만, 이것은 주로 인터넷 속어이기 때문에 사용하는 상대방에 따라 조심해야 합니다. 더 공식적인 상황이나 비즈니스 환경에서는 이러한 줄임말을 사용하는 것은 적절하지 않을 수 있습니다.

여러 가지 웃음

원형	약어	번역
hehehe	hehe	헤헤헤
hahaha	haha	하하하
laughing out loud	lol	큰 소리로 웃는 중
laughing mad loud	lml	미친 듯이 크게 웃는 중
lol	loooool	매우 웃기다
lol가 연결	lololol	엄청나게 웃기다
laughing my ass off	lmao	너무 웃겨서 내 엉덩이가 떨어져 나가겠어
rolling on the floor laughing	rofl	바닥을 구르며 웃는 중
rofl + lmao	roflmao	너무 웃겨서 바닥을 구르며 쓰러지는 중
lol가 변화	lul	웃음
lul가 복수	lulz	웃음을 위해
lul가 증가	omegalul	대폭소
wrecked(참패) 변화	rekt	완전히 이겼음
troll + lolol	trololol	장난치는 행위
rofl + helicopter	roflcopter	바닥에서 구르며 웃기

여러 가지 아이들 놀이

실외놀이

hide-and-seek
숨바꼭질

tag
술래잡기

kick the can
깡통차기

red light, green light
무궁화 꽃이 피었습니다 놀이

jump rope
줄넘기

monkey bars
구름다리(놀이터 철봉 놀이기구)

우리나라에서는 초등학생이나 중학생이 되고 나서 영어 공부를 시작하는 경우가 많아 유아용 단어를 접할 기회가 적습니다. 그러나 우리나라와 해외에서 공통적으로 사용하는 놀이 방법에 관한 표현을 소개하겠습니다.

실내놀이

rock paper scissors
가위바위보 게임

peek-a-boo
까꿍놀이

musical chairs
의자앉기 게임

cat's cradle
실뜨기 놀이

play house
소꿉놀이

thumb wrestling
엄지 씨름

column

나라별 학년의 차이

	한국	호주
개학 시기	**3-2월**	**1-12월**
3-4세	어린이집	kindergarten
4-5세	어린이집	kindergarten
5-6세	유치원	prep year
6-7세	초등학교 1학년	primary school　year 1
7-8세	초등학교 2학년	primary school　year 2
8-9세	초등학교 3학년	primary school　year 3
9-10세	초등학교 4학년	primary school　year 4
10-11세	초등학교 5학년	primary school　year 5
11-12세	초등학교 6학년	primary school　year 6
12-13세	중학교 1학년	junior high school　year 7
13-14세	중학교 2학년	junior high school　year 8
14-15세	중학교 3학년	junior high school　year 9
15-16세	고등학교 1학년	junior high school　year 10
16-17세	고등학교 2학년	senior high school　year 11
17-18세	고등학교 3학년	senior high school　year 12

우리나라에서는 초등학교 6년, 중학교 3년, 고등학교 3년, 대학교 4년이 일반적이지만, 이것은 세계적으로 일관된 교육제도가 아닙니다. 각 국가마다 교육제도와 학습 기간이 다를 수 있으므로 이 점을 염두에 두고 대화할 때 주의가 필요합니다.

영국 9-8월	미국 9-8월
nursery	nursery
nursery	nursery
primary school year 1	kindergarten
primary school year 2	elementary school grade 1
primary school year 3	elementary school grade 2
primary school year 4	elementary school grade 3
primary school year 5	elementary school grade 4
secondary school year 6	elementary school grade 5
secondary school year 7	middle school grade 6
secondary school year 8	middle school grade 7
secondary school year 9	middle school grade 8
secondary school year 10	high school grade 9
secondary school year 11	high school grade 10
sixth form/college year 12	high school grade 11
sixth form/college year 13	high school grade 12

column

전 세계 공통 인스타그램 해시태그

해시태그	원형	의미
#ootd	outfit of the day	#오늘의 의상
#qotd	quote of the day	#오늘의 명언
#picoftheday	picture of the day	#오늘의 사진
#lol	laugh out loud	#크게 웃음
#foodporn	foodporn	#음식스타그램
#wanderlust	a strong desire to travel	#여행 욕구
#f4f (#fff)	follow for follow	#맞팔
#l4l	like for like	#좋아요 교환
#c4c	comment for comment	#댓글 교환
#tflers	tag for likes	#좋아요반사

Instagram(인스타그램)은 세계 사람들과 연결되는 좋은 방법이 될 수 있습니다! 영어 해시태그를 사용하고 '좋아요'를 많이 받아보세요.

해시태그	원형	의미
#igers	instagrammers	#인스타그램 사용자
#instagood	instagram + good	#인스타그램 좋아요
#instamood	instagram + mood	#인스타그램 기분
#swag	swagger	#멋져요
#vscocam	VSCO Cam	#VSCO 앱으로 편집한 사진
#ss	screen shot	#스크린샷
#mcm	man crush Monday	#월요일의 남자 (남성에 대한 호감을 표현)
#tt	transformation Tuesday	#변신의 화요일 (자신의 변화나 성장을 공유)
#wcw	woman crush Wednesday	#수요일의 여자 (여성에 대한 호감을 표현)
#tbt	throwback Thursday	#추억의 목요일 (과거의 추억이나 사진을 공유)
#ff	follow Friday	#팔로우 금요일 (다른 사용자를 추천하며 팔로우를 권장)

기억해 두자!

'#mcm'부터 '#ff'까지의 요일에서 유래한 해시태그는 원래 그 요일에 올리는 것이 보통이었지만, 지금은 그다지 요일에 관계없이 사용되고 있습니다.

신체·건강

즐거운 여행 중에 갑자기 몸이 아파 당황했던 경험, 혹시 없으신가요?
낯선 해외에서 병원에 가야 할 때, 자신의 증상을 영어로
정확히 설명할 수 있다면 정말 든든하겠죠?
이번 장에서는 이처럼 예상치 못한 상황에 대비할 수 있도록,
우리 몸과 건강에 관련된 필수 표현들을 배워보겠습니다.
미리 알아두면 어떤 상황에서도 자신감이 생길 거예요!

5-1 의외로 말하기 어려운 신체 부위·장기

신체 부위

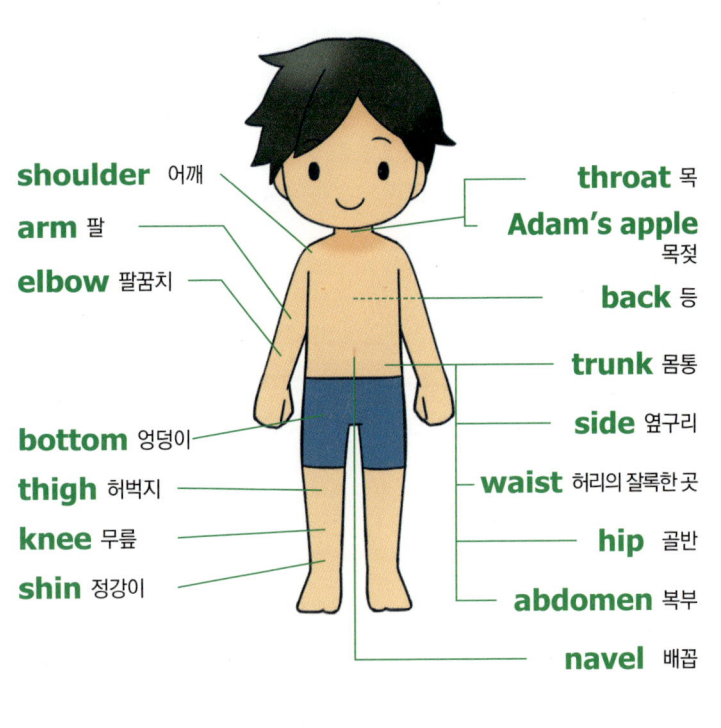

- **shoulder** 어깨
- **arm** 팔
- **elbow** 팔꿈치
- **bottom** 엉덩이
- **thigh** 허벅지
- **knee** 무릎
- **shin** 정강이
- **throat** 목
- **Adam's apple** 목젖
- **back** 등
- **trunk** 몸통
- **side** 옆구리
- **waist** 허리의 잘록한 곳
- **hip** 골반
- **abdomen** 복부
- **navel** 배꼽

> 기억해 두자!
>
> 유방은 breast, 가슴 부위는 chest라고 합니다. '가슴'을 뜻하는 chest에는 get something off your chest라는 유용한 관용구가 있습니다. 이는 '마음속에 담아두었던 고민이나 비밀을 털어놓다'라는 뜻으로 쓰입니다.

기본적인 신체 부위 단어를 알고 있더라도 '정강이'나 '허벅지'와 같은 특정 부위들을 영어로 표현하는 것은 중요합니다. 이번에는 이러한 단어들을 알아보겠습니다.

장기

brain 뇌

trachea 기관

thyroid 갑상샘

lungs 폐

heart 심장

liver 간

pancreas 췌장

duodenum 십이지장

large intestine 대장

appendix 충수

tonsils 편도선

esophagus 식도

diaphragm 횡격막

stomach 위

gallbladder 쓸개, 담낭

aorta 대동맥

small intestine 소장

rectum 직장

urethra 요도

bladder 방광

> 기억해 두자!

head는 우리말의 '머리'와는 조금 달리 얼굴을 포함하여 목 위의 전체를 가리킵니다.

5-2 의외로 말하기 어려운 손발 부위

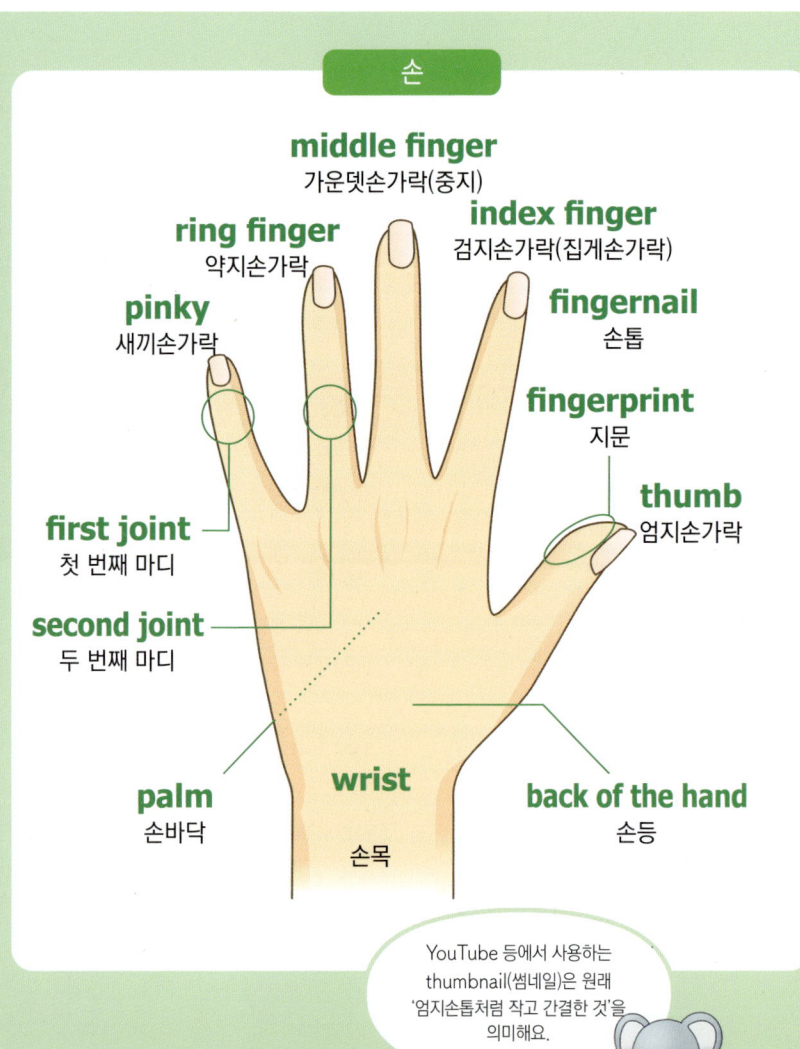

손가락과 발가락은 사실 영어에서 다른 단어로 표현됩니다. 손가락 이외에도 손과 발에 관한 영어 단어는 의외로 많이 모르는 것 같습니다. 손과 발에 대한 영어 단어를 학습하도록 하겠습니다.

발

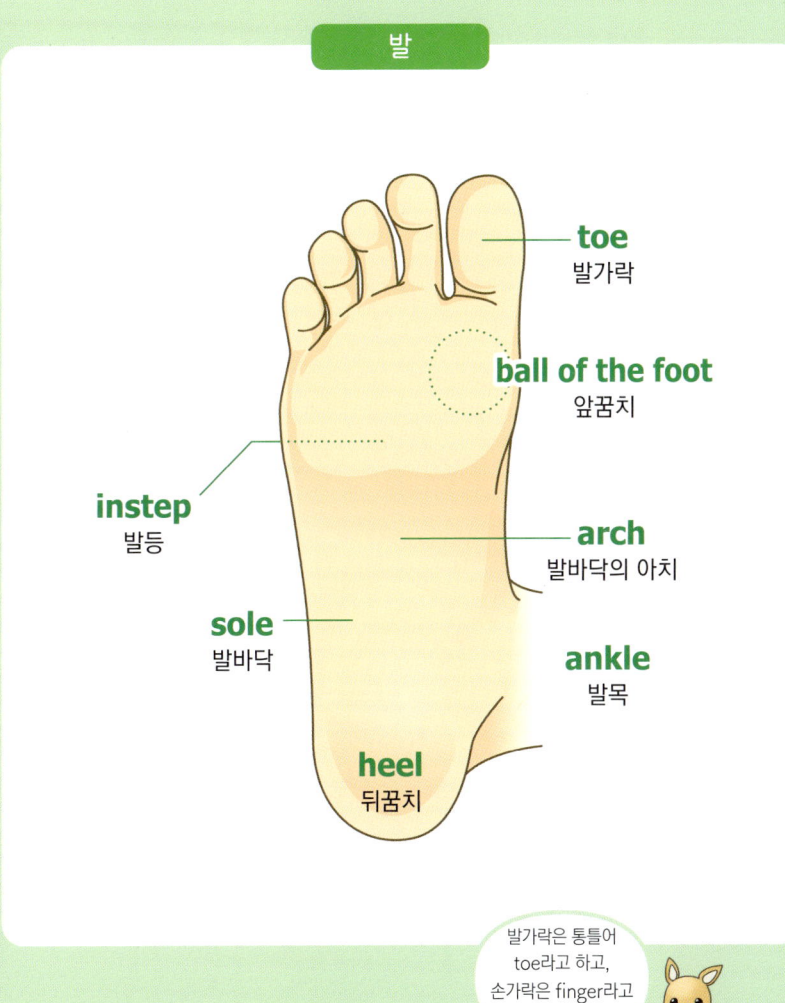

- **toe** 발가락
- **ball of the foot** 앞꿈치
- **instep** 발등
- **arch** 발바닥의 아치
- **sole** 발바닥
- **ankle** 발목
- **heel** 뒤꿈치

발가락은 통틀어 toe라고 하고, 손가락은 finger라고 해요.

5-3 의외로 말하기 어려운 얼굴 부위

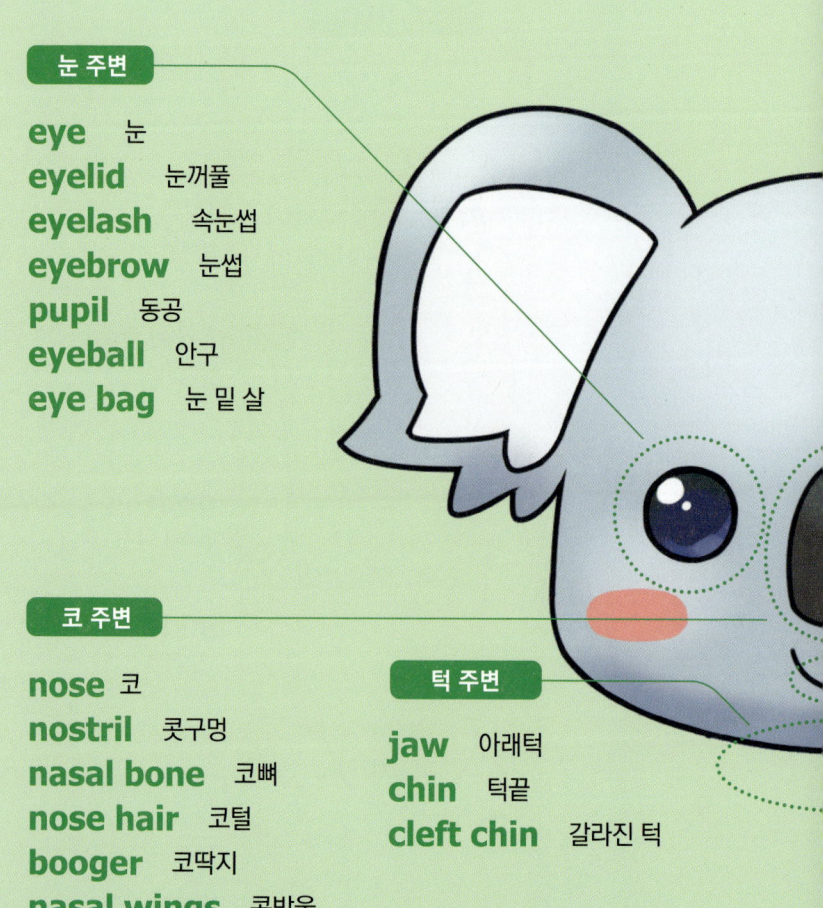

눈 주변

eye 눈
eyelid 눈꺼풀
eyelash 속눈썹
eyebrow 눈썹
pupil 동공
eyeball 안구
eye bag 눈 밑 살

코 주변

nose 코
nostril 콧구멍
nasal bone 코뼈
nose hair 코털
booger 코딱지
nasal wings 콧방울

턱 주변

jaw 아래턱
chin 턱끝
cleft chin 갈라진 턱

눈, 귀, 입, 코, 턱 등 기본적인 얼굴 부위는 학교에서 배울 수 있는 내용이지만, 더 세세한 부분에 대해서는 알고 계신가요? 얼굴의 다양한 부위를 더 정확하고 구체적으로 표현할 수 있도록, 평소에 잘 쓰지 않지만 알아두면 유용한 단어들을 함께 배워보겠습니다.

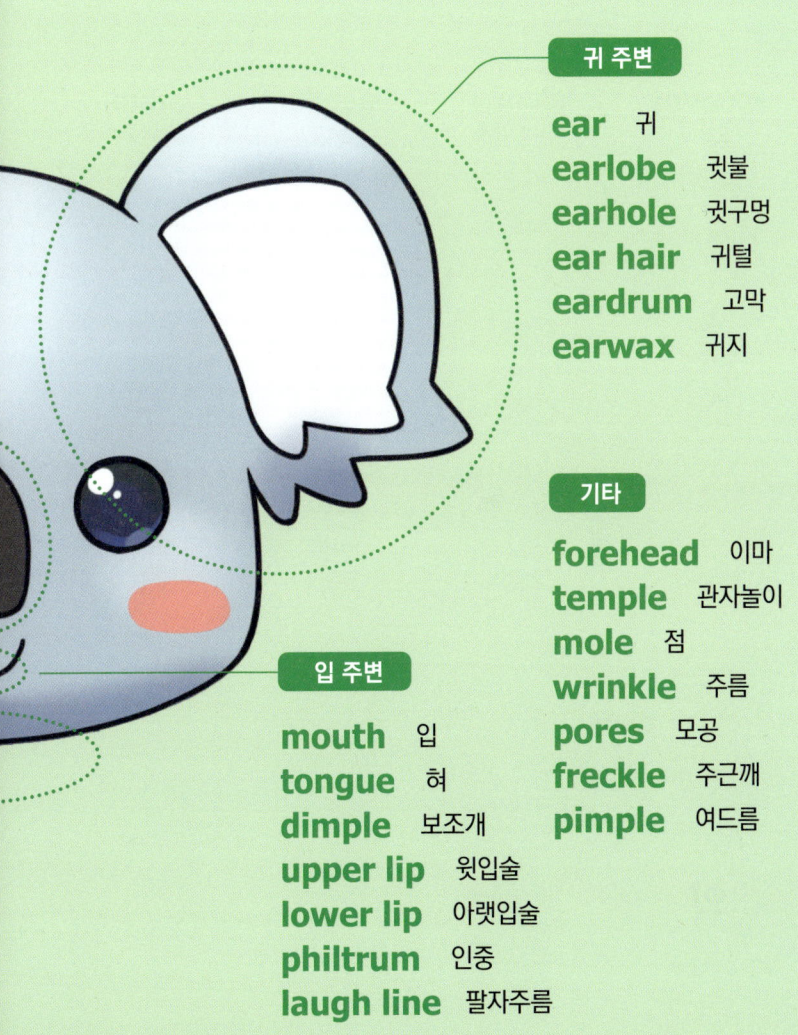

귀 주변

ear 귀
earlobe 귓불
earhole 귓구멍
ear hair 귀털
eardrum 고막
earwax 귀지

기타

forehead 이마
temple 관자놀이
mole 점
wrinkle 주름
pores 모공
freckle 주근깨
pimple 여드름

입 주변

mouth 입
tongue 혀
dimple 보조개
upper lip 윗입술
lower lip 아랫입술
philtrum 인중
laugh line 팔자주름

5-4 체형을 나타내는 형용사

scrawny	skinny	slender	thin
앙상한	바싹 마른	날씬한	마른

scrawny koala — 앙상하게 마른 코알라

skinny koala — 바싹 마른 코알라

slender koala — 날씬한 코알라

thin koala — 마른 코알라

영양실조를 암시	뼈와 가죽뿐인 바싹 마른	남성에게 대해서는 약간 부정적인 이미지	'말랐다'는 것을 나타내는 가장 일반적인 표현

약

영어에는 '마른'부터 '비만'까지 다양한 체형을 나타내는 단어가 있으며, 이들은 섬세한 뉘앙스를 나타낼 수 있습니다. 그러나 해외에서는 우리나라와 같이 체형을 공개적으로 화제로 삼는 것은 좋지 않을 수 있습니다. 또한, 부정적이거나 폄훼적인 뉘앙스를 포함한 단어도 존재하므로 주의가 필요합니다. 이러한 단어들을 외워두면 유용할 것입니다.

chubby 통통한

fat 뚱뚱한

obese 비만의

muscular 근육의

chubby koala 똥똥한 코알라

fat koala 뚱뚱한 코알라

obese koala 비만의 코알라

muscular kangaroo 근육의 캥거루

사랑스럽게 살이 오른 → 일반적으로 사용하지만, 모욕적인 뉘앙스 → 건강에 좋지 않게 살이 너무 찐 → 단련된 근골, 건장한 신체

강

5-5 여러 가지 병명·몸 상태가 안 좋을 때의 표현

hay fever 꽃가루 알레르기

flu 독감

athlete's foot 무좀

rhinitis 비염

depression 우울증

constipation 변비

diarrhea 설사

hypertension 고혈압

migraine 편두통

food poisoning 식중독

menstrual cramps 생리통

asthma 천식

I have a chronic illness.
(나는 오래된 지병이 있다.)

매년 봄에 찾아오는 꽃가루 알레르기로 고통받는 사람들이 많을 것입니다. 이때, "나는 ○○알레르기가 있어요"라는 표현을 사용할 수 있는데, 꽃가루 알레르기라면 I'm allergic to pollen. 이라고 말할 수 있습니다. 또한, 밀 알레르기라면 wheat를 사용하여 I'm allergic to wheat. 라고 말할 수 있습니다.

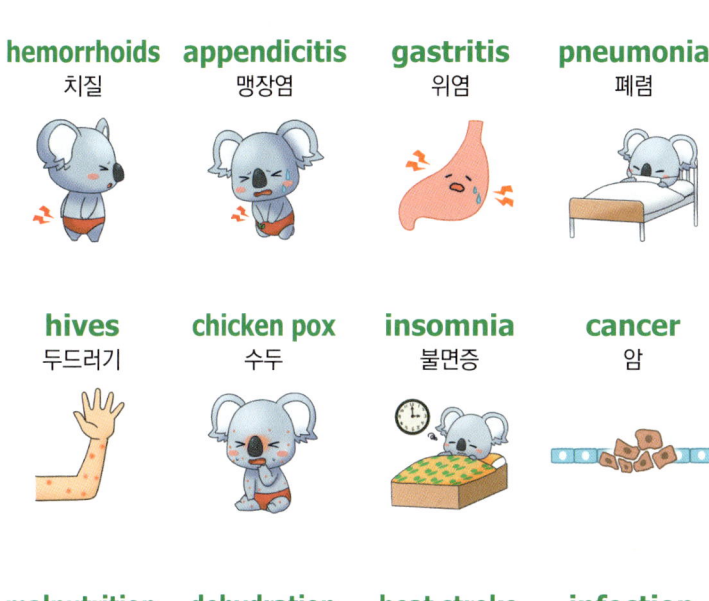

hemorrhoids 치질
appendicitis 맹장염
gastritis 위염
pneumonia 폐렴

hives 두드러기
chicken pox 수두
insomnia 불면증
cancer 암

malnutrition 영양실조
dehydration 탈수
heat stroke 열사병
infection 감염

I have suffered from constipation for many years.
(나는 오랫동안 변비로 고생하고 있다.)

여러 가지 부상

sprained finger	손가락 삠(염좌)	**graze**	찰과상
stab wound	찔린 상처(자상)	**scar**	흉터
bruise	멍, 타박상	**bite wound**	물린 상처
scab	딱지	**boil**	종기
insect bite	벌레 물림	**swelling**	부어오름(부종)
pus	짓물(농양)	**sty**	다래끼
internal hemorrhage	내출혈	**sprained ankle**	발목 삠(염좌)
birthmark	모반/반점	**incised wound /gash**	베인 상처/깊은 베임

사소한 상처는 일상생활에서 자주 발생하는 것이며, 이를 영어로 표현하는 방법을 알고 있으면 유용합니다. 주로 신체의 외부에서 발생하는 다양한 문제들을 영어로 어떻게 표현하는지 알아보겠습니다.

fracture	골절	**cracked bone**	금이 간 뼈
dislocation	탈구	**frostbite**	동상
chilblains	동창	**whiplash**	목뼈 염좌 (목이 심하게 젖혀져 생기는 부상)
pulled muscle	근육을 삐끗함	**tendonitis**	건염
muscle pain	근육통	**bump**	혹 / 멍울
burn	화상 (불로 인한 것)	**scald**	화상 (뜨거운 물이나 증기에 의한 화상)
slipped disk	디스크 탈출증	**backache**	요통
arthritis	관절염	**blister**	물집

여러 가지 병원의 진료과

general practice
일반진료

general internal medicine
일반 내과

neurology
신경내과

cardiology
순환기내과

psychosomatic medicine
심신의학

hematology
혈액내과

hepatology
간내과

nephrology
신장내과

gastrointestinal surgery
소화기외과

gastroenterology
소화기내과

respiratory medicine
호흡기내과

metabolism and endocrinology
내분비대사내과

Which department should I visit for a medical examination?
(의료 검진을 받으려면 어느 진료과를 방문해야 하나요?)

여행 중에 병에 걸리는 것은 가능한 피하고 싶은 일이지만, 만약 그런 상황이 발생한다면 어떤 과에서 진료를 받는 것이 좋을까요? 또한, 미국과 같은 나라에서는 응급 상황으로 병원에 가게 되면 예상치 못한 고액의 비용이 청구될 수 있어 깜짝 놀랄 수 있습니다. 따라서 여행이나 유학을 계획하기 전에 보험에 가입하는 것이 좋습니다.

general surgery
일반외과

neurosurgery
신경외과

orthopedic surgery
정형외과

pediatrics
소아청소년과

dentistry
치과

otorhinolaryngology
이비인후과

dermatology
피부과

obstetrics and gynecology
산부인과

urology
비뇨의학과

cardiovascular surgery
심장혈관외과

ophthalmology
안과

psychiatry
정신건강의학과

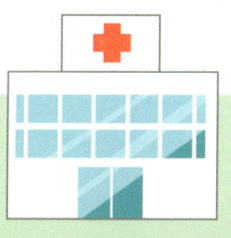

5-8 병원에서 사용하는 표현

injection	주사	**blood test**	혈액 검사
medical questionnaire	문진표	**family history**	가족력
health insurance card	건강보험증	**consultation fee**	진찰료
chronic disease	만성 질환	**reference**	소견서
prescription	처방전	**thermometer**	체온계
appetite	식욕	**stethoscope**	청진기
pregnant	임신	**symptom**	증상
IV	링거	**first visit**	초진

자신의 증상을 영어로 설명할 수 있다 해도, 정작 의사의 말을 제대로 이해하지 못하면 당황하거나 오해가 생길 수 있습니다. 특히 여행 중에는 갑작스러운 상황에 빠르게 대처해야 하므로, 기본적인 의료 관련 표현을 미리 익혀 두는 것이 중요합니다. 병원 방문이나 약국 이용 시 꼭 알아 두면 도움이 되는 핵심 표현들을 보아 소개하겠습니다.

wheelchair	휠체어	**CT scan**	CT 촬영
complete rest	절대 안정	**heart sound**	심장 소리
percussion	타진	**auscultation**	청진
antibiotics	항생제	**electrocardiogram**	심전도
pain killer	진통제	**palpation**	촉진
X-ray	엑스레이	**inspection**	시진
allergy	알레르기	**urine**	소변
doctor's orders	의사 처방		

5 - 9 여러 가지 생리현상

yawn
하품하다

His lectures make me yawn.
그의 수업에는 하품이 나온다.

sneeze
재채기하다

I tried not to sneeze.
나는 재채기를 하지 않으려고 참았다.

break wind
방귀를 뀌다

The koala often breaks wind.
코알라는 방귀를 잘 뀐다.

burp
트림하다

The koala burps a lot too.
코알라는 트림도 자주 한다.

hiccup
딸꾹질을 하다

The koala couldn't stop hiccupping.
코알라는 딸꾹질을 멈출 수 없었다.

cough
기침하다

I sometimes cough.
가끔 기침이 난다.

하품, 재채기, 딸꾹질, 트림은 누구나 겪는 자연스러운 생리 현상입니다. 갑자기 나와서 당황스러울 수 있지만, 누구나 공감할 수 있는 상황이기 때문에 영어로 자연스럽게 표현할 수 있으면 좋습니다. 이런 일상적인 몸의 반응들을 영어로 어떻게 말하면 되는지, 또 그런 상황에서 쓸 수 있는 말까지 함께 배워보겠습니다.

snore
코를 골다

The koala snores very loudly.
코알라는 코를 아주 크게 곤다.

vomit
토하다

The koala is vomiting.
코알라는 토하고 있다.

goose bumps
소름이 돋다

I get goose bumps when I see snakes.
뱀을 보면 소름이 돋는다.

blush
얼굴을 붉히다

The koala blushed.
코알라는 얼굴을 붉혔다.

saliva
침 / 타액

Saliva runs from my lip.
입술에서 군침이 돈다.

snivel
콧물을 흘리다

The koala was constantly sniveling.
코알라는 항상 콧물을 흘리고 있었다.

> **기억해 두자!**
>
> 여기서 소개한 많은 단어들은 명사와 동사, 두 가지 의미를 가집니다. 예를 들어 yawn은 '하품'이라는 뜻의 명사인데, 예문처럼 '하품을 하다'라는 뜻의 동사로도 사용할 수 있습니다.

5-10 운동과 관련된 표현

운동

warm up 준비 운동

work out 운동하다

stretch 스트레칭하다

push-up 팔 굽혀 펴기

sit-up 윗몸일으키기

back extension 등근육 운동

plank 플랭크

squat 스쿼트

handstand 물구나무서기

headstand (머리를 바닥에 대는) 물구나무서기

chin-up 턱걸이

treadmill 런닝머신

stationary bike 실내 자전거

bench 벤치

barbell 바벨

dumbbell 아령

항상 건강을 유지하기 위해 놓쳐서는 안 되는 것이 운동 습관입니다. 특히 근력 운동을 취미로 하는 사람에게는 꼭 알아 두어야 할 단어들입니다. 이번 기회에 자주 쓰는 근육 이름들을 영어로도 말할 수 있도록 연습해 봅시다. 운동할 때 사용하는 표현을 익혀 두면, 자신의 몸을 더 잘 이해하고 설명할 수 있습니다.

근육 부위

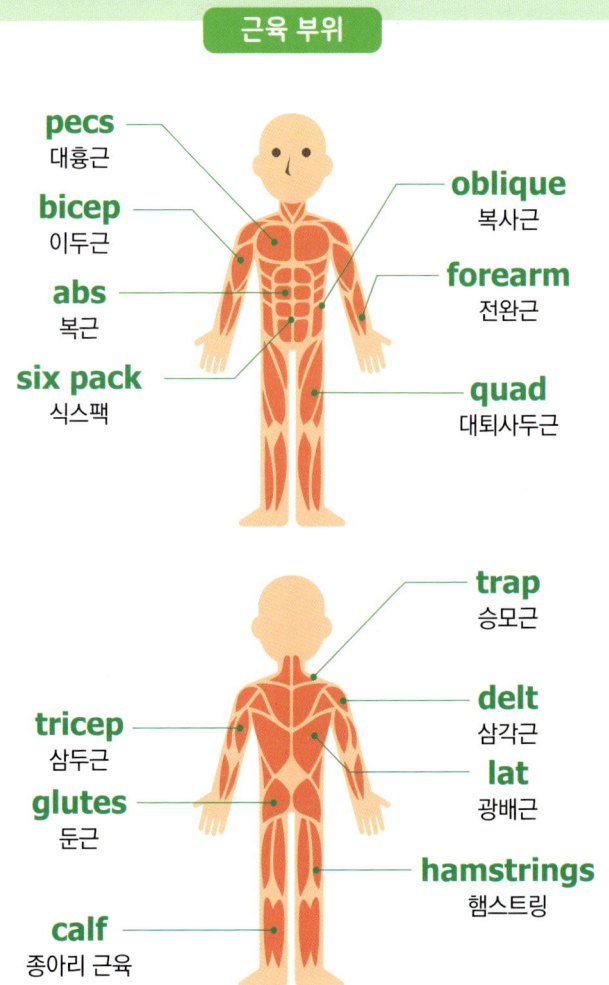

- **pecs** 대흉근
- **bicep** 이두근
- **abs** 복근
- **six pack** 식스팩
- **oblique** 복사근
- **forearm** 전완근
- **quad** 대퇴사두근
- **trap** 승모근
- **delt** 삼각근
- **lat** 광배근
- **tricep** 삼두근
- **glutes** 둔근
- **hamstrings** 햄스트링
- **calf** 종아리 근육

column

여러 가지 공포증

 **acrophobia**
고소공포증

 **claustrophobia**
폐소공포증

 **nyctophobia**
암흑공포증

 **mass hysteria**
집단 히스테리

 **aichmophobia**
선단공포증
(물체의 뾰족한 끝 부분을
병적으로 두려워하는 증상)

 **megalophobia**
거대공포증

 **xenophobia**
외국인 혐오증

 **scopophobia**
시선공포증

Phobia는 공포증을 의미합니다. 공포의 대상은 크게 세 가지로 구분할 수 있습니다. 첫 번째는 특정한 사물이나 동물에 대한 것, 두 번째는 특정 장소와 관련된 것, 그리고 세 번째는 사회적 환경에 대한 것입니다. 잘 알려진 고소공포증이나 폐소공포증 외에도 다양한 종류의 공포증이 존재합니다.

---

 agoraphobia 광장공포증

 **entomophobia** 곤충공포증

 **bibliophobia** 서적공포증

 **aerophobia** 비행공포증

 **androphobia** 남성공포증

 **gynophobia** 여성공포증

 **coulrophobia** 광대공포증

euphobia 희소식공포증
(좋은 소식 뒤에 좋지 않은 소식이 온다고 두려워 하는 증상)

영어 이모티콘 목록

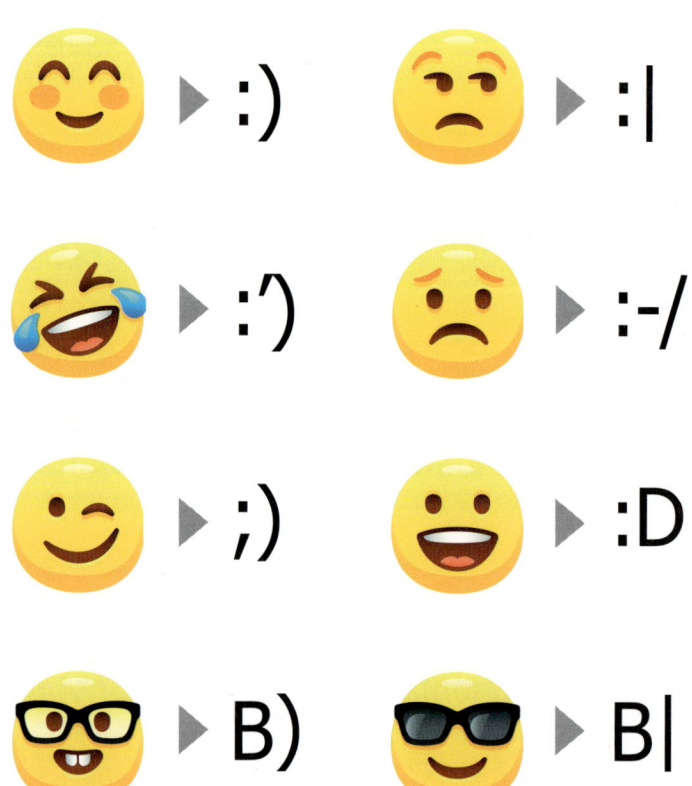

이모티콘은 영어로 emoji(이모지)라고도 불립니다. 이번에는 해외에서 사용하는 독특한 이모티콘 표현을 살펴보겠습니다. 우리나라의 이모티콘은 주로 눈을 사용하여 감정을 표현하는 반면, 해외 이모티콘은 입을 통한 감정 표현이 더 많다는 점이 특징입니다.

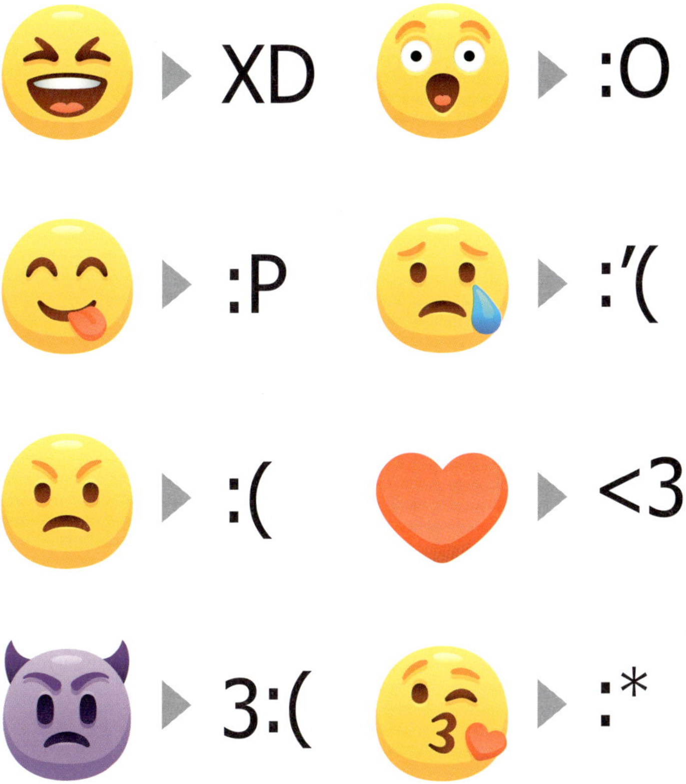

▶ XD

▶ :O

▶ :P

▶ :'(

▶ :(

▶ <3

▶ 3:(

▶ :*

멋쟁이 · 패션

처음 만난 사람과의 가벼운 대화에서 상대방의 옷차림을 칭찬하면,
그 사이의 거리감이 금방 좁혀질 수 있습니다.
TPO(Time, Place, Occasion)에 맞는 옷차림 감각을 익혀두는 것은
해외에서 사람들과 교류할 때도 중요합니다.

6 - 1 여러 가지 머리 모양과 수염

머리 모양

bob
단발머리

bun
묶은 머리

blunt bangs
일자 앞머리

mushroom cut
버섯머리

plaits
갈래머리

ponytail
하나로 묶은 머리

pigtails
양갈래 머리

wavy
곱슬머리

loose curly hair
굵은 곱슬머리

bowl cut
바가지머리

one-length haircut
원랭스 커트

afro
아프로 헤어

다양한 헤어스타일과 수염의 영어 명칭을 알아보겠습니다. 하나로 묶은 머리는 영어로 포니테일(ponytail)이라고 하며, 양갈래 머리는 피그테일(pigtails)이라고 합니다.

crew cut
크루커트

shaved head
삭발머리

bald head
대머리

buzz cut
아주 짧게 깎은 머리

undercut
언더컷

shaved sides
옆 머리가 짧거나 없앤 머리

수염

beard
턱수염

stubble
까칠하게 자란 짧은 수염

five-o'clock shadow
저녁 무렵 거뭇거뭇 자란 수염 자국

mustache
콧수염

goatee
염소수염

sideburns
구레나룻

6-2 알아두면 좋은 미용실 표현

get a haircut 머리를 자르다

thin out 숱을 치다

trim one's bangs 앞머리를 다듬다

comb one's hair 머리를 빗다

set one's hair 머리를 손질하다

tidy one's hair 머리를 단정히 하다

bleach one's hair 탈색하다

have split ends (머리카락) 끝이 갈라지다

grow one's hair 머리를 기르다

give one's hair a treatment 트리트먼트하다

가끔 해외 여행을 갔을 때, 유명한 스타일리스트가 있는 미용실에서 머리를 잘라보고 싶은 생각이 들기도 합니다. 원하는 헤어스타일을 정확하게 요청할 수 있도록 기본적인 용어들을 익혀두는 것이 좋습니다.

do up one's hair 올림머리를 하다

get a perm 파마를 하다

get a straight perm 스트레이트 파마를 하다

go gray 흰머리가 나다

keep the length 길이를 유지하다

untie one's hair 머리를 풀다.

dye one's hair 머리를 염색하다

go bald 대머리가 되다

이 렇 게 말 해 보 자 !

- Just a trim here, please. (여기는 조금만 다듬어 주세요.)
- Could you cut the back a bit shorter? (뒤는 좀 더 잘라주시겠어요?)
- I would like this hairstyle. (《사진을 보여주면서》 이런 머리를 하고 싶어요.)

6 - 3 화장에 관한 표현

put on sunscreen
자외선 차단제를 바르다

put on foundation primer
프라이머를 바르다

put on foundation
파운데이션을 바르다

put on eyeliner
아이라인을 그리다

apply mascara
마스카라를 바르다

put on false eyelashes
속눈썹을 붙이다

skincare-conscious person(스킨케어에 관심이 많은 분)들은 주목하세요! 화장품의 대부분에 영어 표기가 사용되고 있어서 많은 분들이 이미 익숙하실 것입니다. 실제로 화장을 하는 동작과 함께 이 용어들을 기억해보는 것도 좋겠습니다.

shape one's eyebrows
눈썹을 다듬다

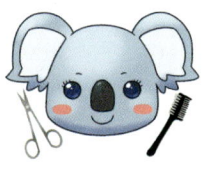

draw one's eyebrows
눈썹을 그리다

put on eye shadow
아이섀도우를 바르다

apply lipstick
립스틱을 바르다

put on blush
블러셔를 하다

pin up one's hair
머리를 핀으로 위로 올려 고정하다

기 억 해 두 자 !

put on은 '입다'로 기억하실 수도 있어요. 그러나 의류 이외에도 put on a hat(모자를 쓰다), put on shoes (신발을 신다) 등 착용할 수 있는 것이라면 폭넓게 사용할 수 있습니다. 또한, put on weight(체중이 늘다), put on muscle(근육이 붙다)처럼 신체 상태의 변화를 나타내는 표현에도 사용됩니다.

6-4 패션에 관한 형용사

loose 헐렁한

tight 꽉 조이는

fancy 화려한

plain 수수한

drab 칙칙한

attractive 매력적인

패션은 개인의 개성을 표현하는 중요한 수단입니다. 해외에는 우리나라에서는 쉽게 상상하기 힘든 독특한 복장을 한 사람들도 많이 있습니다! 이번에는 패션을 묘사하는 다양한 형용사를 배워보도록 하겠습니다.

cute
귀여운

beautiful
아름다운

gorgeous
화려한

sexy
섹시한

stylish
세련된

ugly
추한

elegant
고상한

polished
품위 있는

comfy
편안한

untidy
지저분한

> 기 억 해 두 자 !

해외 사람들은 우연히 옆에 있는 낯선 사람의 옷이 마음에 들면 바로 칭찬하는 습관이 있는 것 같습니다. 우리나라 사람들은 이런 상황에서 조금 부끄러워하는 경향이 있지만, 긍정적인 형용사를 특히 과장해 사용하는 것이 상대방에게 잘 전달된다고 합니다.

여러 가지 무늬·모양

polka dots
물방울 무늬

stripes
줄무늬

floral
꽃무늬

checkered
체크무늬

camouflage
위장 무늬

geometric
기하학적 무늬

옷이나 가방을 고를 때, 무늬나 색상은 매우 중요한 요소가 됩니다. 원하는 무늬를 점원에게 잘 설명하면 마음에 쏙 드는 아이템을 찾을 수 있을 것입니다. 혹시 당신은 어떤 스타일이나 무늬를 선호하시나요?

Japanese arabesque
덩굴무늬

paisley
페이즐리 무늬

Nordic pattern
노르딕 무늬

zebra stripe
얼룩말 무늬

leopard pattern
표범 무늬

herringbone pattern
헤링본 무늬

기억해두자!

우리말에는 가로줄무늬와 세로줄무늬라고 구별하여 부르지만, 영어로는 둘 다 stripes라고 합니다.

6-6 옷차림의 격식(포멀·캐주얼)

남성

연미복

턱시도

짙은 색 정장

white tie	black tie	formal
화이트타이	블랙타이	포멀
궁정의 만찬회	공식적인 파티	결혼식 등

여성

바닥에 닿는 기장의 야회 드레스

롱 이브닝 드레스

길고 우아한 드레스

해외에서는 비즈니스 장소나 작은 파티에 참석할 때 지정된 복장 규정이 종종 있습니다. 일생에 한 번 있을까 말까 싶은 화이트 타이 이벤트부터 어른을 위한 스마트 캐주얼까지, 영어로 다양한 드레스 코드를 배워보세요.

고상한 정장
여름에는 리넨 슈트 등도 가능
노타이도 OK

cocktail 칵테일 — 파티
semi-formal 세미포멀 — 파티
casual 캐주얼 — 일상의 모임

기장이 짧은 칵테일 드레스
단아한 원피스
캐주얼한 원피스

> 기 억 해 두 자 !

white tie와 black tie와 같이 가장 형식적인 정의가 있는 경우가 있지만, 문화나 개인에 따라 모호한 경우도 많습니다. 참고로 birthday suit라는 표현이 있습니다. 이는 '생일에 입는 정장'이 아니라 '태어날 때 입었던 옷', 즉 전신이 노출된 상태를 의미합니다.

패션에 관한 한국식 영어

원피스 → **dress**	후드티 → **hoodie**
맨투맨 / 스웨트셔츠 → **sweatshirt**	와이셔츠 → **dress shirt**
룸웨어 → **loungewear**	민소매 → **sleeveless shirt**
트렁크 팬티 → **boxer shorts**	머플러 → **scarf**

사실, 해외에서 통하지 않는 한국식 영어는 70쪽에서 소개했지만, 패션에 관한 단어 중에서도 영어 같지만 영어가 아닌 말이 넘쳐납니다.

비치 샌들
▼
flip-flops

이어링
▼
pierced earrings

세일
▼
sale

프리 사이즈
▼
one-size-fits-all

지퍼
▼
zipper

팬티스타킹
▼
pantyhose

커플룩
▼
matching outfits

맞춤제작
▼
made to order/bespoke

덧붙여서 한국식 영어는 아니지만,
스웨터는 미국 영어로는 sweater,
영국 영어로는 jumper라고 합니다. 스웨터인데 점퍼?
한국인에게 혼란스러울 수 있는
단어일지도 모르겠네요.

의류 및 신발 사이즈표

여성

옷	🇺🇸	4	6
	🇰🇷	7	9

신발	🇺🇸	5.5	6
	🇰🇷	22.5	23

남성

옷	🇺🇸	34	36
	🇰🇷	1(S)	2(M)

신발	🇺🇸	7	7.5
	🇰🇷	25	25.5

아이

옷	🇺🇸	2T	3T
	🇰🇷	80-90	90-100

신발	🇺🇸	6	6.5-7
	🇰🇷	13	13.5

해외 쇼핑에서 어려운 점 중 하나는 우리나라와 옷이나 신발의 사이즈 표기가 다르다는 것입니다. 이 표를 보면 한눈에 알 수 있습니다. 쇼핑을 할 때 이 표를 복사해서 함께 사용하세요.

8	10	12		
11	13	15		

6.5	7	7.5	8	
23.5	24	24.5	25	

38	40	42	44	
3(L)	4(LL)	5(3L)	6(4L)	

8	8.5	9.5	10	
26	26.5	27.5	28	

4T	5	6-7	8	9-10
100-110	110	120	130	130-140

7-7.5	8	8.5		
14	14.5	15		

세계의 전통 의상

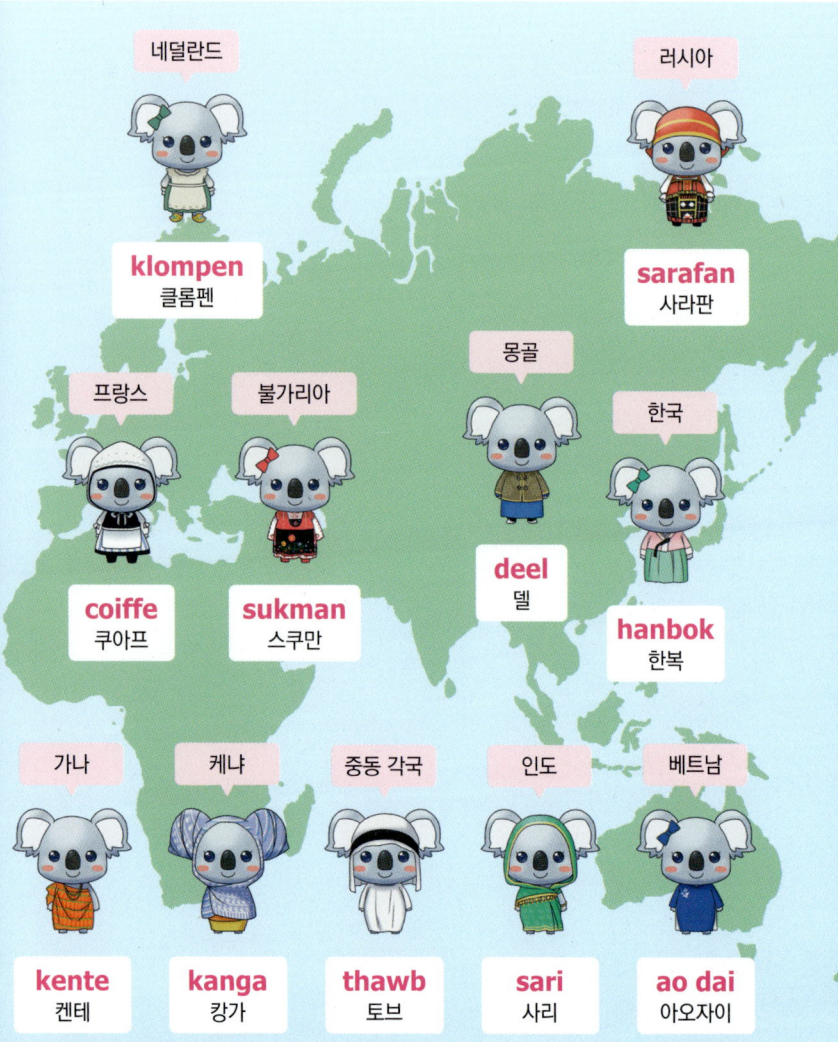

세계에는 개성 넘치는 민족 의상이 많이 있습니다. 각각의 민족 의상이 생겨난 문화적 배경에 대해 조사해 보는 것도 흥미로울 것입니다. 당신은 어떤 스타일이 마음에 드나요?

일・비즈니스

영어를 사용해서 일하고 싶은 목표를 가진 사람도 있을 겁니다.
또, 외국계 기업이 아니더라도, 최근에는 이메일이나 전화로
해외 사람들과 소통할 기회도 많아졌습니다.
이 장에서는 사무실에서 유용한 기본적인 단어를 소개해 드리겠습니다.

7-1 여러 가지 직책·부서

직책

chairman
회장
|
vice chairman
부회장
|
president ────── **representative director**
사장　　　　　　　　대표 이사
|　　　　　　　　　　|
executive vice president　**secretary**
부사장　　　　　　　　비서
|
chief of headquarters　**director**
본부장　　　　　　　　이사
|
general Manager
부장
|
Manager
과장
|
assistant manager
대리

auditor
감사

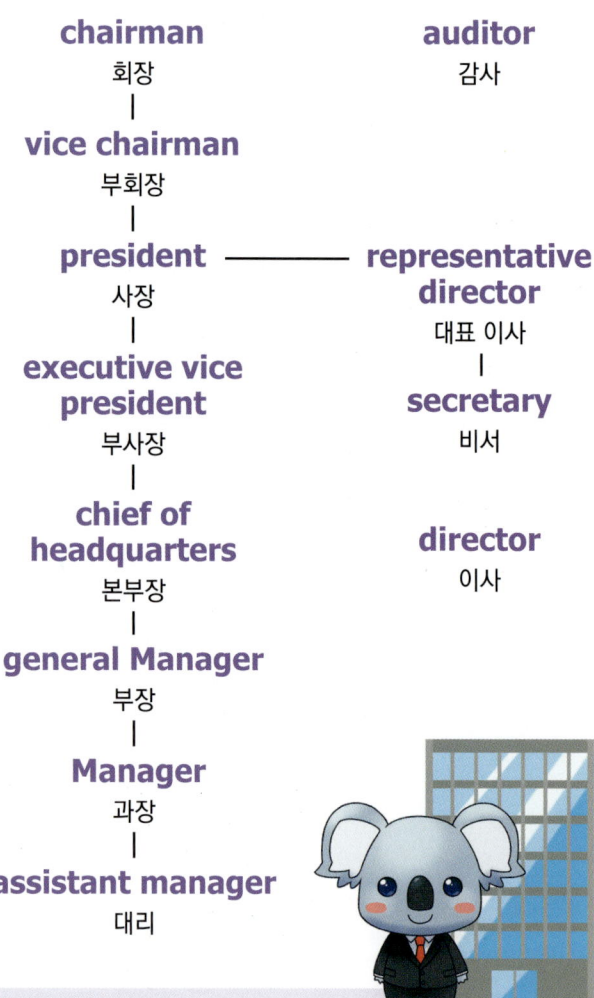

회사에서 '과장'이나 '부장'은 영어로 어떻게 표현할까요? 여기서는 간단한 표현을 소개하겠습니다. 또한, 대표적인 부서명도 함께 모아보았습니다.

부서

human resource department 인사부	**general affairs department** 총무부	**accounting department** 경리부
legal department 법무부	**planning department** 기획부	**sales department** 영업부
public relations department 홍보부	**editorial department** 편집부	**manufacturing department** 제작부
logistics department 물류부	**audit department** 감사부	**product planning department** 상품기획부

기억해 두자!

최근에는 CEO(Chief Executive Officer, 최고경영자), COO(Chief Operating Officer, 최고집행책임자), CFO(Chief Financial Officer, 최고재무책임자), CTO(Chief Technology Officer, 최고기술책임자) 등의 새로운 직책명이 늘어나면서 조직과 부서, 팀 편성도 복잡해지고 있습니다. 여기서 소개한 것은 어디까지나 일례입니다.

초등학생들의 장래 희망 직업 톱10

7 - 2

직업 랭킹

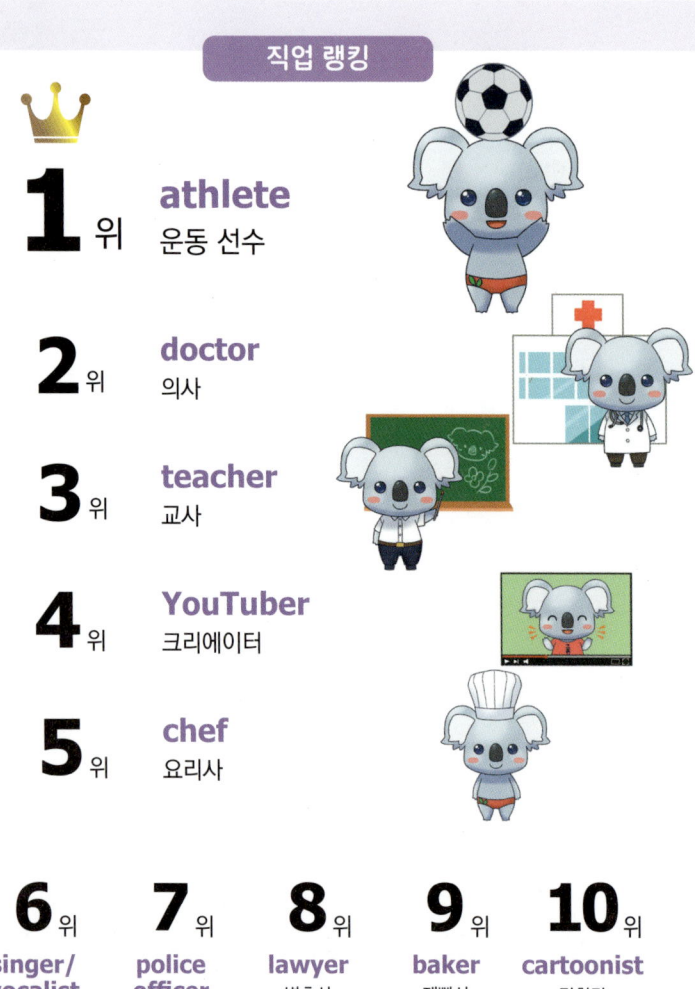

1위 **athlete** 운동 선수

2위 **doctor** 의사

3위 **teacher** 교사

4위 **YouTuber** 크리에이터

5위 **chef** 요리사

6위 **singer/vocalist** 가수/성악가

7위 **police officer** 경찰관

8위 **lawyer** 변호사

9위 **baker** 제빵사

10위 **cartoonist** 만화가

한국직업능력연구원 '2024년 초·중등 진로 교육 현황조사'

여기서는 '되고 싶은 직업 순위'에 오른 전통적인 직업부터 최신 직업에 이르기까지 다양한 '직업'들을 소개합니다. 어린이 여러분, 여러분의 미래 꿈은 무엇인가요? 성인 여러분은 어린 시절 꿈꿨던 직업을 아직 기억하고 계신가요?

순위 밖이지만 인기 있는 직업

astronaut
우주 비행사

office worker
회사원

zoo/aquarium caretaker
동물 사육사

soldier
군인

beautician
뷰티디자이너

interpreter
통역가

film director
영화감독

voice actor
성우

scientist
과학자

entrepreneur
기업가

writer
작가

professional gamer
프로게이머

세계에는 특별한 직업이 많아요. 예를 들어, 미국 켄터키주의 한 파충류 동물원에는 뱀의 독을 채취하는 전문가(snake milker)가 있고, 미국 항공우주국(NASA)에는 수면 연구를 위해 수면 연구원(professional sleeper)이 있다고 해요.

7-3 사무실에서 사용하는 표현

go to work
출근하다

leave work
퇴근하다

work from home
재택근무하다

go on a business trip
출장 가다

have a meeting
회의하다

give a presentation
프레젠테이션을 하다

get promoted
승진하다

work overtime
야근하다

have a day off
하루 쉬다

work shifts
교대 근무를 하다

go on maternity leave
출산 휴가를 가다

call in sick
병가를 내다

출근하다, 회의를 하다, 프레젠테이션을 하다, 일을 마치다. 이런 일상적인 업무들을 영어로 표현하는 데 어려움을 겪는 경우도 있을 겁니다. 여기서는 비즈니스 영어에서 꼭 필요한 기본적인 표현들을 정리해 드리겠습니다.

annual leave	연차 휴가
in-house mail	사내 메일
labor regulations	근로 규정
working hours	근무 시간
employee ID card	사원증
salary	월급
company housing	사택
boss	상사
title	직책
predecessor	전임자
successor	후임자
termination	해고

I'm exhausted because I have worked overtime every day this week.
(이번 주 내내 야근을 해서 완전히 지쳤다.)

Did you know that Koala will get promoted next month?
(코알라가 다음 달에 승진할 거라는 거 알고 있었어?)

7-4 영문 뉴스 핵심 어휘

경제 · 정치

Koala Daily News

경제 관련		
	bad debt	부실 채권
	economic downturn	경기 침체
	deregulation	규제 완화
	reluctance to lend	대출 기피
	public funds	공적 자금
	bankruptcy	파산
	blue chip stock	우량주
	bubble economy	버블 경제
	business cycle	경기 순환
	cyclical bottom	경기 저점
	inflation	인플레이션
	deflation	디플레이션
	unemployed person	실업자
	household income	가계 소득
	government revenue	정부 세입

영어 학습을 목적으로 해외 뉴스를 읽는 분들도 많을 것입니다. 이곳에서는 정치, 경제 관련 뉴스에서 자주 등장하는 기본적인 단어와 표현들을 소개해 드리겠습니다.

정치 관련

cabinet	내각, 국무회의
Party leader	당대표
congress	국회
bureaucrat	관료
President	대통령
Prime Minister	국무총리
lawmaker	국회의원
bill	법안
approval ratings	지지율
constitution	헌법
regulation	규정, 규제
treaty	조약
ally	동맹국
national referendum	국민 투표
parachuting	낙하산 공천

> 국회라는 호칭은 나라마다 다양합니다.
> 한국에서는 National Assembly,
> 일본에서는 Diet, 영국에서는 Parliament,
> 미국과 중남미 국가들에서는 Congress라는
> 용어를 많이 사용합니다.

7-5 영문 뉴스 핵심 어휘

환경 · 사회

Koala Daily News

환경 관련

global warming	지구 온난화
population explosion	인구 폭발
ozone layer	오존층
ultraviolet radiation	자외선
emission control	배기가스 규제
greenhouse gas	온실 가스
air pollution	대기 오염
marine pollution	해양 오염
soil pollution	토양 오염
forest conservation	삼림 보호
desertification	사막화
extinction	멸종
threatened species	멸종 위기종
nuclear waste	핵폐기물
eco-bags	에코백

환경 문제는 최근 전 세계적으로 크게 주목받고 있는 주제입니다. 특히, 지구 온난화는 긴급하게 대응해야 할 문제로 여겨집니다.

사회 관련

child abuse	아동 학대
job shortage	취업난
marriage graduation	졸혼
brain death	뇌사
death with dignity	존엄사
digital divide	디지털 격차
birthrate	출생률
depopulation	인구 감소
average life span	평균 수명
aging society	고령화 사회
non-marriage	비혼
low birth rate	저출산
marginal village	한계 마을*
gender gap	성 격차
single-parent family	한부모 가정

요즘 핫한 SDGs가 무슨 줄임말인지 아세요? SDGs는 Sustainable Development Goals(지속가능한 개발 목표)의 약자입니다. 이는 유엔 정상회의에서 채택된 2030년까지 보다 나은 세상을 만들기 위한 목표를 말합니다.

* 과반수의 구성원이 65세 이상이라 공동 사회 활동을 지속하기 어려운 마을

7-6 공식적인 표현으로 바꾸기 / 메일의 마무리 인사

격식 없는 동사		격식 있는 동사	

get	받다	▶ receive	수취하다
help	돕다	▶ support	지원하다
buy	사다	▶ purchase	구입하다
ask	묻다	▶ inquire	문의하다
tell	알리다	▶ inform	통지하다
need	필요하다	▶ require	요구하다
see	보다	▶ refer to	참고하다
enough	충분한	▶ sufficient	충분한
try	해보다	▶ attempt	시도해 보다
book	예약하다	▶ reserve	예약하다
end	끝나다	▶ terminate	종료하다

영어에 존댓말이 없다고 흔히 생각하지만, 사실 그렇지 않습니다. 같은 의미의 단어라도 보다 절제되거나 정교한 표현으로 바꿔서 사용할 수 있습니다. 특히 비즈니스 상황이나 학술적인 분야에서는 공손하고 정중한 표현을 사용하는 것이 매우 중요합니다.

메일의 결어

Sincerely,
진심을 담아,

Kind regards,
따뜻한 마음을 담아,

Best regards,
깊은 마음을 담아,

Regards,
안부를 전하며,

Thank you,
감사합니다,

Thanks,
고마워,

정중함

친밀함

7-7 비즈니스에서 사용하는 줄임말

FYI : for your information
참고로(단순 참고하세요)

FYR : for your reference
참고로(업무에 참고하세요)

TBA : to be announced
발표 예정

TBC : to be confirmed
확정 예정

TBD : to be determined
추후 결정

OOO : out of office
부재

ASAP : as soon as possible
가능한 한 빨리

RSVP : répondez s'il vous plaît
참석 여부 회신 바랍니다

COB : close of business
영업 마감

ETD : estimated time of departure
출발 예정 시간

ETA : estimated time of arrival
도착 예정 시간

NRN : no reply necessary
회신 불필요

비즈니스 장면에서 메일이나 채팅을 할 때 줄임말을 사용하는 경우가 자주 있습니다. 특히 ASAP(As Soon As Possible), COB(Close Of Business), PIC(Person In Charge) 등은 일반적인 상식으로 여겨질 정도로 자주 사용하는 단어들입니다. 이러한 줄임말을 스마트하게 사용해 보세요.

KOM : kick off meeting
착수 회의

LMK : let me know
알려주세요

WIP : work in progress
진행 중인 작업

PIC : person in charge
담당자

BTW : by the way
그런데

EOF : end of file
파일의 데이터 끝을 나타내는 코드

MTG : meeting
회의

MGR : manager
관리자

AL : annual leave
연차

MTD : month to date
월초부터 현재까지

YTD : year to date
연초부터 현재 날짜까지의 기간

NR : no return
반품 불가

이렇게 말해보자!

· FYR, I have attached the paper. (참고로 자료를 첨부합니다.)
· Mr. Koala is OOO. (코알라 씨는 부재중입니다.)
· BTW Koala, who is the PIC of the MTG next time? (그런데 코알라씨, 다음 회의의 담당자는 누구입니까?)

7-8 의외로 잘 모르는 기호들

기호

@ at sign 골뱅이

hash 샵

- dash 하이픈

: colon 콜론

; semicolon 세미콜론

, comma 쉼표

. period 마침표

_ underscore 언더바

& ampersand 앰퍼샌드

! exclamation mark 느낌표

> greater than ~보다 크다

< less than ~보다 작다

" " double quotation 따옴표

( ) parentheses 괄호

{ } curly brackets 중괄호

[ ] square brackets 각괄호

우리나라에서 자주 사용하는 특수 기호들의 원래 이름을 알고 계신가요? 비즈니스 상황에서 이러한 기호들의 정확한 명칭을 모르면 어려움을 겪을 수 있습니다. 이 기회에 세계의 통화 기호도 함께 알아보며 외워보는 것이 좋겠습니다!

통화 기호

dollar
미국
달러

baht
태국
바트

đồng
베트남
동

euro
유럽 연합(EU)
유로

kip
라오스
킵

lari
조지아
라리

lira
튀르키예
리라

naira
나이지리아
나이라

peso
필리핀
페소

pound
영국
파운드

riel
캄보디아
리얼

ruble
러시아
루블

rupee
인도
루피

tögrög
몽골
투그릭

yen
일본
엔

new shekel
이스라엘
뉴 셰켈

7-9 성별을 고려한 대체 표현

△		▶ 바꿔치기!	○
mankind	인류	▶ **humankind**	인류
young man	청년	▶ **young person**	청년
manhood	성인	▶ **adulthood**	성인
Englishmen	영국인	▶ **the English**	영국인
manhole	맨홀	▶ **maintenance hole**	맨홀
manpower	노동력	▶ **workforce**	노동력
mother tongue	모국어	▶ **native language**	모국어
mother country	모국	▶ **homeland**	고국/본국
king-size	킹사이즈	▶ **very large**	특대
salesman	판매원	▶ **salesperson**	판매원

예전에는 객실 승무원을 '스튜어디스'라고 불렀지만, 현재는 '비행 승무원'이라는 용어를 사용합니다. '스튜어디스'는 여성 승무원을, '스튜어드'는 남성 승무원을 의미합니다. 승무원 업무는 여성에게만 한정되지 않습니다. 실제로 이와 같은 구분을 두는 단어들이 많습니다.

바꿔치기!

△		▶	○
workman	근로자	**worker**	근로자
chairman	의장	**chairperson**	의장
businessman	사업가	**businessperson**	사업가
waitress	여 종업원	**server**	종업원
stewardess	여 승무원	**flight attendant**	승무원
foreman	감독관	**supervisor**	감독관
actress	연기자	**actor**	연기자
fisherman	어부	**fisher**	어부
policeman	경찰관	**police officer**	경찰관
fireman	소방관	**firefighter**	소방관

column

전화번호 읽는 법

기본 규칙

 규칙 1 숫자는 하나씩 읽습니다.

 규칙 2 하이픈(-) 부분은 잠시 쉬어 갑니다.

 규칙 3 숫자 0은 oh(오)라고 읽습니다.

 규칙 4 같은 숫자가 반복되면 double이나 triple을 사용합니다.

 규칙 5 00 또는 000으로 끝나는 경우 hundred나 thousand를 사용하기도 합니다.

레스토랑이나 투어 예약 등에서 자신의 전화번호를 읽어야 할 상황은 의외로 자주 발생합니다.
숫자를 어떻게 읽는 것이 좋을지 고민해본 적이 있다면, 여기서 그 의문을 해결해 보세요.

실제로 읽어보자!

03-1234-5678 ▶ oh three, one two three four, five six seven eight

021-446-5558 ▶ oh two one, four four six, triple five eight

06-0500-4000 ▶ oh six, oh five hundred, four thousand

※ 446처럼 세 자리 숫자로 된 그룹의 일부를 double로 읽고 나머지를 따로 읽는 방식(double four, six)은 일반적으로 사용하지 않습니다. 듣는 사람이 숫자를 혼동할 수 있기 때문입니다.

날짜 쓰는 법·읽는 법

미국식

쓰는 법 【월 / 일 / 년】으로 표시

- 패턴 1: 2 / 9 / 19
- 패턴 2: 2 / 9 / 2019
- 패턴 3: February 9, 2019
- 패턴 4: February 9th, 2019

읽는 법 【월 / 일 / 년】의 순으로 읽음

February ninth twenty nineteen

쓰는 법과 함께 기억해 두자!

- 미국식 영어에서는 '년(year)' 뒤에 쉼표(,)를 넣지만, 영국식 영어에서는 넣지 않습니다.
- 패턴 1, 2에서는 슬래시(/) 대신 하이픈(-)을 사용하기도 합니다.
- 패턴 1, 2는 비교적 친근한 글쓰기에서, 패턴 3, 4는 비교적 격식을 차린 글쓰기에서 사용됩니다.

우리나라는 '2025년 10월 15일'처럼 '년, 월, 일' 순으로 날짜를 표기하지만, 이 순서는 나라마다 다릅니다. 이번 글에서는 대표적인 미국식과 영국식 날짜 쓰는 법과 읽는 법의 핵심을 알아보겠습니다.

영국식

쓰는 법 【일 / 월 / 년】으로 표시

- 패턴 1   **9 / 2 / 19**
- 패턴 2   **9 / 2 / 2019**
- 패턴 3   **9 February 2019**
- 패턴 4   **9th February 2019**

읽는 법 【the 일 of 월 년】으로 읽음

The ninth of February twenty nineteen

읽는 법과 함께 기억해 두자!

- 날짜에서 '일'은 서수를 사용합니다(1st, 2nd 등).
- 영국식은 '일' 앞에 The, '월' 앞에 of를 넣지만, 미국식 영어에서는 넣지 않습니다.
- 서기는 위 2자리와 아래 2자리를 나누어 말합니다. 단, 2000년부터 2009년까지는 two thousand (and) one과 같이 읽으며, 2010년 이후는 two thousand ten 또는 twenty ten처럼 어느 방식으로 읽어도 괜찮습니다.

수학

숫자나 수학 관련 영어는 우리말과 많이 달라서 순간적으로
떠오르지 않는 단어들이 많습니다.
'더하기(+)', '빼기(-)', '곱하기(×)', '나누기(÷)' 같은
수학의 기본 개념도 영어로 말하려고 하면 생각나지 않는 경우가 많죠.
이번 장에서 이러한 표현들을 함께 익혀 두면 앞으로 훨씬 편리할 것입니다.

8-1 수학에서 사용하는 표현

+	−	×	÷
addition	**subtraction**	**multiplication**	**division**
덧셈	뺄셈	곱셈	나눗셈

$1+1=2$	$2-1=1$	$2\times3=6$	$6\div3=2$
1 plus 1 is 2	**2 minus 1 is 1**	**2 times 3 is 6**	**6 divided by 3 is 2**
1 더하기 1은 2	2 빼기 1은 1	2 곱하기 3은 6	6 나누기 3은 2

Z	1.32	1.3	1.32
integer	**decimal**	**decimal point**	**first decimal place**
정수	소수	소수점	소수 첫 번째 자리

수학 용어를 영어로 말할 수 있나요? 미국 등으로 유학을 고려하고 있는 사람이라면, SAT나 GRE 같은 수학 시험이 필수입니다. 여기서 기본적인 단어들을 함께 외워보도록 합시다.

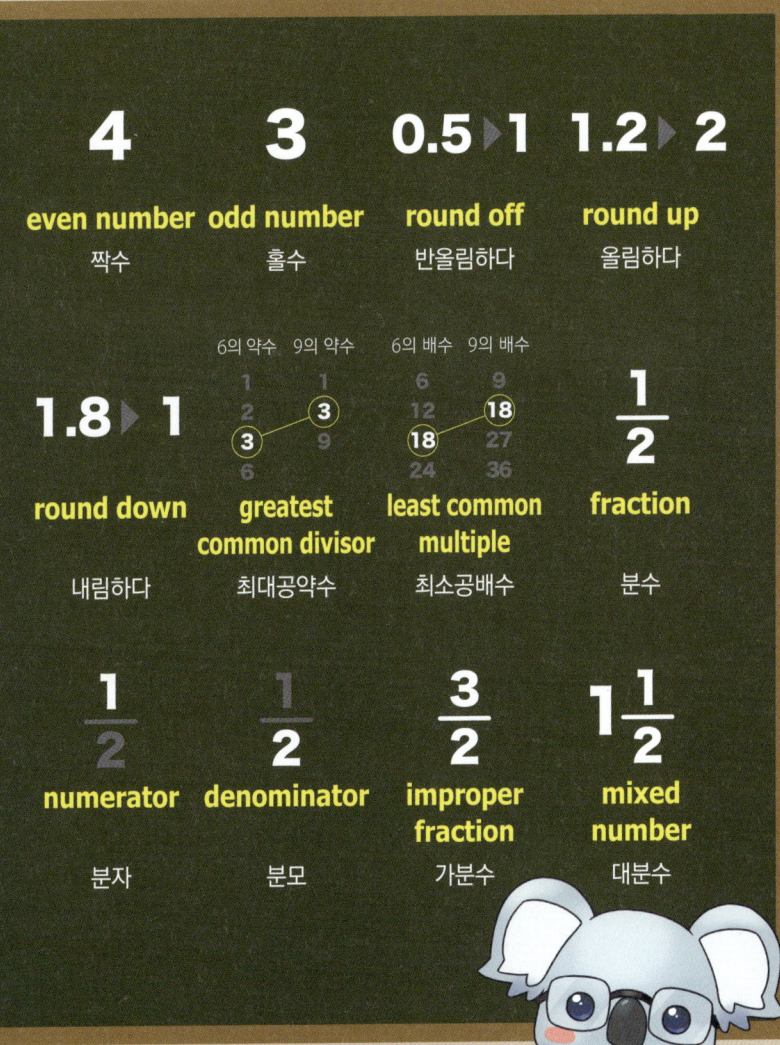

8-2 숫자·기호 읽는 법

소수

2.3
two point three

0.12
zero point one two

3.141
three point one four one

분수

$\frac{1}{4}$
one quarter
4분의 1

$\frac{3}{5}$
three fifths
5분의 3

$2\frac{2}{3}$
two and two thirds
2와 3분의 2

거듭제곱

4^2
four squared
4의 2제곱

5^3
five cubed
5의 3제곱

6^4
six to the power of four
6의 4제곱

소수, 분수와 같은 수학 용어를 영어로 말할 기회가 자주 없을 수도 있지만, 이런 용어를 순간적으로 사용할 수 있다면 원어민 수준에 한 걸음 더 가까워질 수 있습니다.

수학 기호

A ≠ B
A is not equal to B.
A는 B와 같지 않다.

A > B
A is greater than B.
A는 B보다 크다.

A < B
A is less than B.
A는 B보다 작다.

A ≥ B
A is greater than or equal to B.
A는 B보다 크거나 같다.

A ≤ B
A is less than or equal to B.
A는 B보다 작거나 같다.

A ≒ B
A is nearly equal to B.
A는 B와 거의 같다.

A ≡ B
A is congruent to B.
A와 B는 합동이다.

A ⊥ B
A is perpendicular to B.
A는 B와 직각이다.

A ∥ B
A is parallel to B.
A는 B와 평행하다.

8-3 여러 가지 평면 도형·입체 도형

평면 도형

circle
원

oval
타원

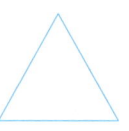
triangle
삼각형

right-angled triangle
직각삼각형

isosceles triangle
이등변삼각형

square
정사각형

rectangle
직사각형

rhombus
마름모

parallelogram
평행사변형

trapezoid
사다리꼴

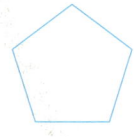
pentagon
오각형

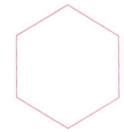
hexagon
육각형

heptagon
칠각형

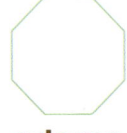
octagon
팔각형

nonagon
구각형

decagon
십각형

'다각형'의 총칭은 polygon이야.

평면 도형이나 입체 도형를 나타내는 단어들은 말하기 어려운 영어의 대표적인 예입니다. '원'이나 '삼각형'은 말할 수 있을지 몰라도, '마름모꼴'이나 '사다리꼴'은 어떨까요? 참고로, 미국 국방부 건물을 '펜타곤'이라 부르는 이유는 그 형태가 오각형이기 때문입니다.

입체 도형

sphere
구

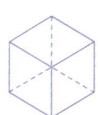
cube
정육면체

octahedron
팔면체

rectangular cuboid
직육면체

cylinder
원기둥

triangular prism
삼각기둥

quadrangular prism
사각기둥

hexagonal prism
육각기둥

cone
원뿔

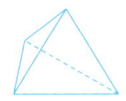
triangular pyramid
삼각뿔

quadrangular pyramid
사각뿔

hexagonal pyramid
육각뿔

truncated cone
원뿔대

truncated triangular pyramid
삼각뿔대

truncated quadrangular pyramid
사각뿔대

truncated hexagonal pyramid
육각뿔대

8-4 면적·부피를 구하는 공식

면적

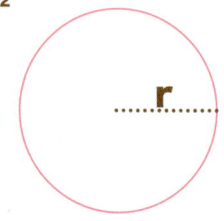

The area of a circle is equal to pi times the radius squared.

원의 면적은 반지름을 제곱한 값에 π를 곱한 것과 같다.

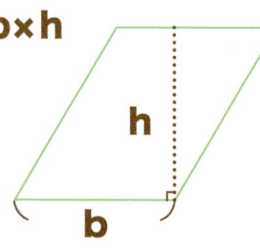

The area of a parallelogram is equal to its base times the height.

평행사변형의 면적은 밑변 곱하기 높이와 같다.

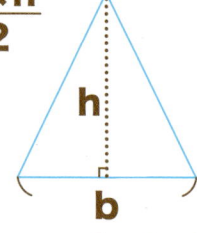

The area of a triangle is equal to its base times the height divided by two.

삼각형의 면적은 밑변 곱하기 높이 나누기 2와 같다.

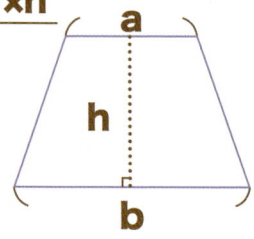

The area of a trapezoid is equal to the sum of both bases times height divided by two.

사다리꼴의 면적은 윗변 더하기 아랫변 곱하기 높이 나누기 2와 같다.

수학 시간에 배운 면적이나 부피 공식을 우리말뿐만 아니라 영어로도 말할 수 있다면 멋질 것입니다. 우리말처럼 전체를 암기하는 것이 좋습니다. '면적', '반경', '바닥' 등의 단어도 함께 외울 수 있으므로, 이는 일석이조의 효과를 가집니다.

부피

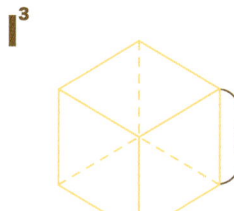

The volume of a cube is equal to the length of one of its sides cubed.

정육면체의 부피는 한 변 길이의 세제곱과 같다.

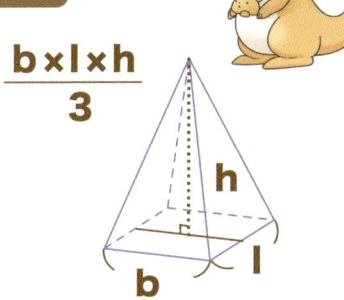

The volume of a pyramid is equal to the area of its base times the height divided by three.

사각뿔의 부피는 밑면의 넓이 곱하기 높이 나누기 3과 같다.

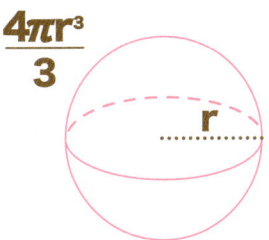

The volume of a sphere is equal to four times pi times the radius cubed divided by three.

구의 부피는 반지름을 세제곱한 값에 4π를 곱하고 그 결과를 3으로 나눈 값과 같다.

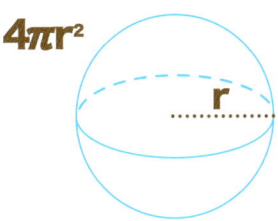

The surface area of a sphere is equal to four times pi times radius squared.

구의 겉넓이는 4 곱하기 π 곱하기 반지름의 제곱과 같다.

8-5 원과 선

원

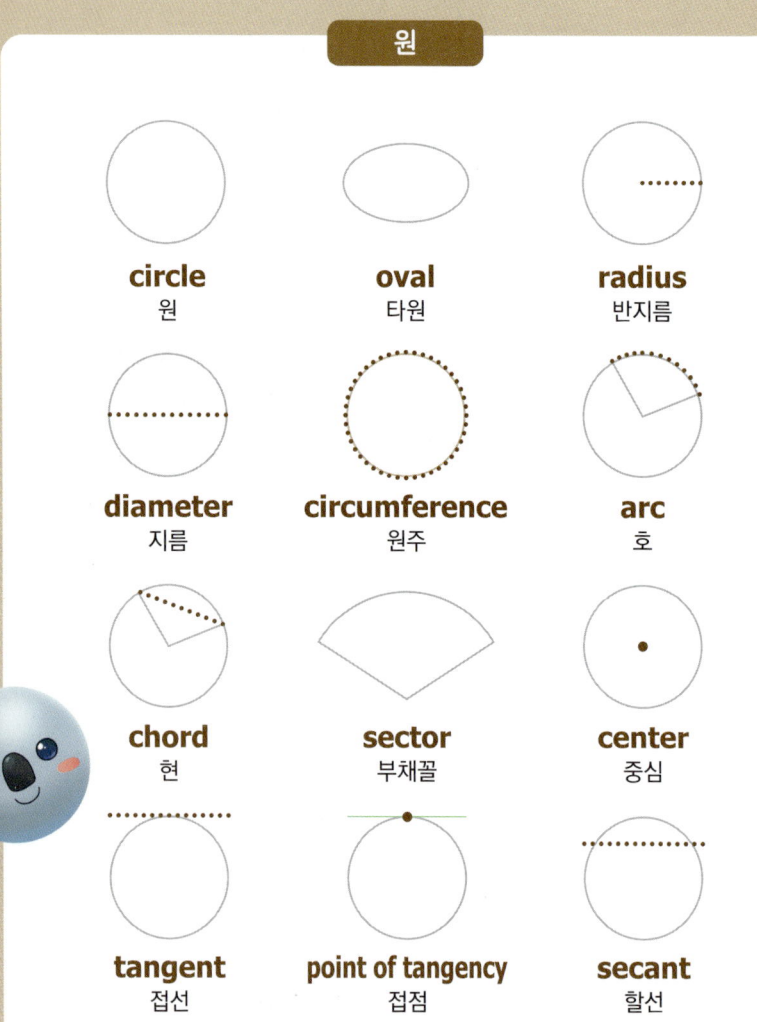

circle 원

oval 타원

radius 반지름

diameter 지름

circumference 원주

arc 호

chord 현

sector 부채꼴

center 중심

tangent 접선

point of tangency 접점

secant 할선

원에 관한 영어 단어는 복잡해 보일 수 있지만, 자세히 보면 학교에서 배운 단어들이 많이 포함되어 있습니다. 마찬가지로, 선에 관한 영어도 실제로는 간단한 영어 단어들로 이루어져 있습니다.

선

실선	**continuous line**
점선	**dotted line**
파선	**dashed line**
일점 쇄선	**long dashed short dashed line**
이점 쇄선	**long dashed double-short dashed line**
이중선	**double line**
긴 점선	**long dashed line**
굵은 선	**bold line**
가는 선	**thin line**
물결선	**wavy line**
지그재그선	**jagged line**

8-6 그래프의 종류와 사용법

수량의 많고 적음을 비교할 때

bar graph
막대그래프

변화의 요인을 나타낼 때

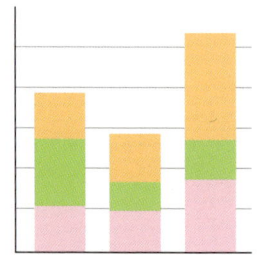

cumulative bar graph
누적 막대 그래프

시간의 흐름 등에 따른 변화를 강조할 때

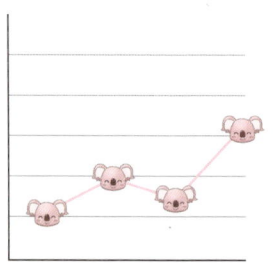

line graph
선 그래프

구성비를 비교하거나 항목의 이름이 길 때

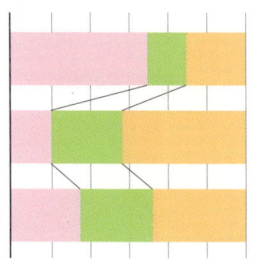

horizontal bar graph
수평 막대 그래프

비즈니스 프레젠테이션에서는 그래프가 반드시 등장합니다. 자신이 전달하고자 하는 메시지에 맞는 적절한 그래프를 선택할 수 있도록, 각 그래프의 특징도 함께 소개합니다.

구성 비율을 나타낼 때

pie chart
원 그래프

데이터의 관계를 나타낼 때

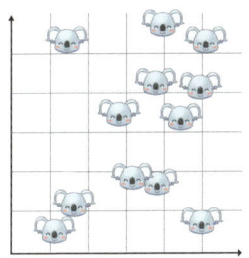

scatter diagram
산점도

세 가지 이상의 변수를 표현할 때

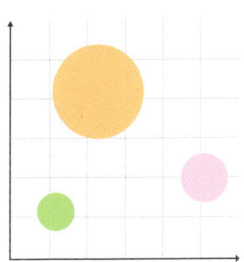

bubble chart
버블 차트

복수의 지표를 표현·비교할 때

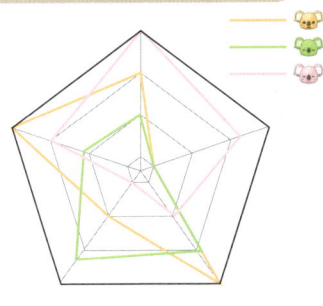

radar chart
레이더 차트

큰 수 세는 법

포인트

◎ 영어에서는 3자리수 늘고 ,(콤마)가 늘어날 때 마다 다음 단위로 올라갑니다.

◎ thousand= 천, million = 백만, billion = 십억자릿수은 자주 사용하기 때문에 암기해 두면 편리

◎ 실제 숫자도 3자리마다 구분해서 읽으면 OK. 예를 들어 987,654,321은 다음과 같습니다.
Nine hundred eighty seven million,
six hundred fifty four thousand,
three hundred twenty one.

영어는 3자리씩, 우리말은 4자리씩이니까 까다로워요.

1
10
100
1,000
10,000
100,000
1,000,000
10,000,000
100,000,000
1,000,000,000
10,000,000,000
100,000,000,000
1,000,000,000,000

많은 사람들이 큰 수를 읽는 것을 어려워한다고 생각합니다만, 사실 영어는 우리말보다 더 단순합니다. 쉼표가 하나씩 늘어날 때마다 단어의 순서가 올라가는 것을 이미지로 생각하면 누구나 쉽게 읽을 수 있습니다.

one	일
ten	십
a hundred	백
a thousand	천
ten thousand	만
hundred thousand	십만
a million	백만
ten million	천만
hundred million	억
a billion	십억
ten billion	백억
hundred billion	천억
a trillion	조

돌체 & 가바나 향수로 배우는 논리 연산

돌체 **AND** 가바나 향수

돌체 **OR** 가바나 향수

돌체 **XOR** 가바나 향수

수학이나 IT를 싫어하는 사람들에게는 이해하기 어려운 논리 연산이지만, 컴퓨터 프로그래밍 언어에서는 필수적인 부분입니다. 돌체앤가바나 향수를 활용하면 이를 재미있게 이해할 수 있습니다.

돌체 **NAND** 가바나 향수

돌체 **NOR** 가바나 향수

돌체 **XNOR** 가바나 향수

동물

마지막 장에서는 영어에 동물을 사용한 관용구가 많다는 것을
알게 됩니다. '겁쟁이를 상징하는 동물'이나
'욕심 많은 이미지의 동물' 등에서 볼 수 있듯이,
영어 화자들의 상상력이 얼마나 풍부한지 놀라게 될 것입니다.
기회가 있다면 다양한 언어권에서 온 친구들과
각 동물의 이미지에 대해 이야기해 보는 것도 흥미로운 경험이 될 것입니다.

9-1 동물의 새끼를 부르는 법

우리말에서는 동물 새끼를 나타낼 때 대체로 '새끼'를 붙여 표현할 수 있지만, 영어에서도 강아지나 송아지와 같이 각각의 동물에 대해 별도로 사용하는 용어가 있습니다.

puppy 강아지 ▶ **dog** 개	**kitten** 새끼 고양이 ▶ **cat** 고양이
bunny 새끼 토끼 ▶ **rabbit** 토끼	**piglet** 새끼 돼지 ▶ **pig** 돼지
fawn 새끼 사슴 ▶ **deer** 사슴	**owlet** 새끼 부엉이 ▶ **owl** 부엉이
joey 새끼 코알라 ▶ **koala** 코알라	**joey** 새끼 캥거루 ▶ **kangaroo** 캥거루

캥거루나 코알라 같은 유대류 새끼를 조이라고 불러요!

9-2 성별에 따라 구분되는 동물의 명칭

동물은 새끼뿐만 아니라 수컷이냐 암컷이냐에 따라 사용하는 용어가 다를 수 있습니다. 성별을 틀려도 메시지는 전달될 수 있지만, 여기서 원래의 동물 명칭을 알고 있으면 더 좋습니다.

호랑이 tiger / tigress

소 bull / cow

사슴 buck / doe

사자 lion / lioness

말 stallion / mare

코알라 male koala / female koala

9-3 동물 무리를 나타내는 다양한 표현

a pack of dogs
개 무리

a herd of horses
말 무리

a gaggle of geese
거위 무리

a pod of whales
고래 무리

a school of fish
물고기 무리

a troop of monkeys
원숭이 무리

> 기억해 두자!

goose의 복수형은 geese이지만, fish는 복수형이든 변함없이 fish라고 합니다.

우리말로는 어떤 동물도 기본적으로는 'ㅇㅇ의 무리'로 표현할 수 있지만, 무려 영어로는 동물에 따라 '무리'를 나타내는 단어가 존재합니다. 자세히 살펴보면 각각의 동물의 특징과 이미지를 반영하고 있는 것을 알 수 있습니다.

a colony of bats
박쥐 무리

a sloth of bears
곰 무리

a band of gorillas
고릴라 무리

a pride of lions
사자 무리

a drove of pigs
돼지 무리

a murder of crows
까마귀 무리

친구가 많네!

9-4 동물에서 유래한 형용사

piggish 탐욕스러운

sheepish 주눅 든, 머쓱한

catty 심술궂은

snaky 교활한

hawkish 호전적인

mulish 고집스러운

mousy 소심한

goosey 바보 같은, 안절부절못하는

weaselly 교활한, 비열한

Hee hee…!
(히히히…!)

여기서는 다양한 동물에서 유래한 형용사들을 다룹니다. 이들 대부분은 부정적인 의미를 담고 있으며, 영어권 사람들이 해당 동물들에 대해 어떠한 이미지를 가지고 있는지 잘 보여줍니다.

sluggish
느린

bullish
황소 같은, 완고한

antsy
안절부절못하는

ratty
허름한

reptilian
냉혈한의

bearish
거친

foxy
교활한

wolfish
탐욕스러운

doeish
순한, 얌전한

이렇게 말해보자!

Koala used a snaky trick to cheat on the exam.
(코알라는 시험에서 부정행위를 하기 위해 교활한 속임수를 썼다.)

9-5 욕설에 사용되는 불쌍한 동물들

whale
뚱보

pig
탐욕스럽고 불결한 녀석

rat
배신자

slug
느림보

parasite
기생충 같은 인간

toad
괘씸한 녀석

peacock
거드름 피는 녀석

vulture
비정한 녀석

우리나라에서도 종종 사람을 동물로 비유하여 욕을 하는 경우가 있습니다. 영어에서도 욕으로 사용되는 동물들이 있지만, 이러한 표현들은 상당한 악의를 포함하고 있습니다. 그러므로 경솔하게 사용하지 말아야 한다는 점에 유의해야 합니다.

chicken
겁쟁이

shark
사기꾼, 냉혹한 경쟁자

monkey
버릇없는 사람

dog
비열한 녀석

ape
커다랗고 못생긴 사람

trout
늙은 여성

leech
거머리

lamb
약하거나 무능력한 사람

이렇게 말해보자!

여기서 소개한 단어들은 모두 명사입니다. 사용법을 살펴볼까요?
The Koala company is famous for being a shark in the industry.
(코알라 회사는 업계에서 무서운 경쟁자로 잘 알려져 있다.)

9-6 여러 가지 동물의 울음소리

동물	동사	울음소리
dog 개	bark 짖다	bow-wow 바우-와우
cat 고양이	meow 울다	mew 미유
tiger 호랑이	roar 울부짖다	roar 로어
cow 소	moo 울다	moo 무
mouse 쥐	squeak 울다	squeak 스퀴크
pig 돼지	oink 울다	oink-oink 오잉크-오잉크
sheep 양	bleat 울다	bah-bah 바-바
horse 말	neigh 울다	neigh 네이

영어로 개는 '바우-와우'이라 짖고, 고양이는 '미유'라고 운다고 합니다. 하지만 다른 동물들은 어떨까요? 같은 '울음'이라도 각각의 동물마다 내는 소리가 다르다는 점을 주목해 보는 것도 흥미로울 것입니다.

동물	동사	울음소리
crow 까마귀	caw 울다	caw-caw 커-커
frog 개구리	croak 울다	ribbit-ribbit 리빗-리빗
bird 새	tweet 지저귀다	tweet-tweet 트윗-트윗
chick 병아리	cheep 울다	cheep-cheep 칩-칩
monkey 원숭이	chatter 울다	ook-ook 욱-욱
owl 올빼미	hoot 울다	hoot-hoot 훗-훗
wolf 늑대	howl 울부짖다	ow-ow-ow-oooow 오우-오우 오우-오우우
rooster 수탉	crow 울다	cock-a-doodle-do 코커두들두

동물의 신체 부위

whiskers
고양이 수염

fang
개의 송곳니

muzzle
여우의 주둥이

trunk
코끼리 코

horn
코뿔소 뿔

antler
사슴 뿔

beak
매의 부리

talons
매의 발톱

mane
사자의 갈기

고양이의 수염부터 사슴의 뿔, 코끼리의 코, 사자의 갈기에 이르기까지… 그 동물을 상징하는 부위마다 특별한 이름이 있습니다. 이 모든 것을 다 외운 당신은 진정한 동물 전문가입니다!

fin
물고기의 지느러미

scale
생선 비늘

gills
물고기의 아가미

blowhole
고래의 숨구멍

hoof
말발굽

paw
개의 발

tusks
바다코끼리의 엄니

webbed feet
오리의 물갈퀴

pouch
코알라 아기 주머니

like + 동물의 관용 표현 / 동물 + 전치사 관용구

like + 동물의 관용 표현

eat like a horse
말처럼 매우 많이 먹다

drop like flies
파리처럼 우수수 떨어지다

drink like a fish
물고기처럼 마시다 (술을 많이 마시다)

fight like cats and dogs
고양이와 개처럼 싸우다 (매우 심하게 다투다)

work like a dog
개처럼 일하다 (매우 열심히 일하다)

run like a horse
말처럼 달리다 (매우 빠르게 달리다)

우리말에서 '사슴 같은 눈망울'처럼 동물을 비유적으로 표현하는 말이 있듯이, 영어에도 동물을 활용한 다양한 비유와 관용 표현이 존재합니다.

동물 + 전치사(구동사)

pig out
폭식하다

chicken out
겁을 집어먹다

clam up
입을 다물다

wolf down
허겁지겁 먹다

horse around
거칠게[소란스럽게] 놀다

monkey around
장난치다

이렇게 말해 보자!

Koala started to drink like a fish as soon as he arrived at the party.
(코알라는 파티에 도착하자마자 술을 물 마시듯 마시기 시작했다.)

동물을 이용한 비교 표현

as hungry as a wolf
늑대처럼 굶주린

as strong as an ox
황소처럼 힘이 센

as quiet as a mouse
쥐 죽은 듯 조용한

as free as a bird
새처럼 자유로운

as fat as a pig
돼지처럼 뚱뚱한

as blind as a bat
박쥐처럼 눈이 먼

"as...as A"는 'A만큼 ~하다'는 의미의 비교 표현입니다. 때때로 사람이나 상황을 동물에 비유해 형용할 때 이런 표현을 사용합니다. 처음엔 농담처럼 들릴 수 있지만, 실제로는 일상에서 자주 쓰이는 대표적인 표현들이 있습니다. 지금부터 그런 표현들을 소개해 드리겠습니다.

as gentle as a lamb
양처럼 순한

as sly as a fox
여우처럼 교활한

as slow as a snail
달팽이처럼 느린

as ugly as a toad
두꺼비처럼 못생긴

as fast as a hare
산토끼처럼 빠른

as stubborn as a mule
노새처럼 고집이 센

이렇게 말해보자!

The girl was as gentle as a lamb in front of adults.
(그 아이는 어른들 앞에서는 순한 양이었다.)

색 인

A

- a friend of a friend ... 120
- abdomen ... 138
- abs ... 157
- academic ability test ... 118
- academic meritocracy ... 116
- accounting ... 109
- accounting department ... 185
- acquaintance ... 121
- acrophobia ... 158
- Adam's apple ... 138
- add detergent ... 53
- addition ... 208
- adulthood ... 200
- aerophobia ... 159
- afraid ... 32
- afro ... 164
- aging society ... 193
- agoraphobia ... 159
- aichmophobia ... 158
- air conditioner ... 59
- air pollution ... 192
- air purifier ... 59
- air quotes ... 44
- AL ... 197
- alarmed ... 32
- alcohol burner ... 114
- Alex ... 76
- Alexander ... 76
- all right ... 28
- allergy ... 153
- ally ... 191
- alter ego ... 121
- aluminum foil ... 99
- amberjack ... 90
- americano ... 102
- ampersand ... 198
- amusing ... 19, 30
- and(AND) ... 128, 222
- Andrew ... 76
- androphobia ... 159
- Andy ... 76
- angry ... 17
- anime ... 64
- ankle ... 141
- annoyed ... 21
- annual leave ... 189, 197
- anorak ... 181
- Anthony ... 77
- antibiotics ... 153
- antler ... 238
- antsy ... 233
- anxious ... 20
- ao dai ... 180
- aorta ... 139
- ape ... 235
- appendicitis ... 147
- appendix ... 139
- appetite ... 152
- apply lipstick ... 169
- apply mascara ... 169
- approval ratings ... 191
- aquarium caretaker ... 187
- arc ... 216
- arch ... 141
- archeology ... 109
- are ... 128
- area ... 214
- arm ... 138
- aroma ... 35
- aromatic ... 94
- arrogant ... 122
- arthritis ... 149
- arts appreciation ... 111
- as soon as possible ... 196
- ASAP ... 196
- ashtray ... 57
- ask ... 194
- assistant manager ... 184
- asthma ... 146
- astronaut ... 187
- at sign ... 198
- athlete ... 200
- athlete's foot ... 146
- attempt ... 194
- attractive ... 170
- audit department ... 185
- auditor ... 184
- auscultation ... 153
- average life span ... 193

B

- B4 ... 128
- b4n ... 128
- back ... 138
- back extension ... 156
- back of the hand ... 140
- back ribs ... 86
- backache ... 149
- backstabber ... 125
- bad debt ... 190
- bag boy ... 201
- bah-bah ... 236
- baht ... 199
- baker ... 186
- bakery ... 55
- bald head ... 165
- ball of the foot ... 141
- ball-game competition ... 110
- ballpoint pen ... 112
- band ... 231
- bankruptcy ... 190
- bar graph ... 218
- barbell ... 156
- bark ... 236
- base ... 214
- baseball player ... 186
- basketball ... 65
- bat ... 242
- battery charger ... 59
- batting cage ... 64
- bawl ... 27
- bday ... 128
- beak ... 238
- beaker ... 114
- beard ... 165
- bearish ... 233
- beautiful ... 171
- beauty salon ... 54
- because ... 128
- beef ... 86, 88
- before ... 128
- Bella ... 77
- Ben ... 76
- bench ... 156
- Benjamin ... 76
- bespoke ... 177
- best friend ... 120
- Best regards, ... 195
- bet you ... 127
- betcha ... 127
- Betty ... 77
- bf ... 128
- bibliophobia ... 159
- bicep ... 157
- bicycle shop ... 55
- Bill ... 77
- bill ... 191
- billion ... 221
- bing ... 69
- biology ... 108
- bird ... 237, 242
- birthday ... 128
- birthmark ... 148
- birthrate ... 193
- bite wound ... 148
- bitter ... 94
- bittersweet ... 94
- black and white ... 70
- black tie ... 174

Term	Page
bladder	139
bleach one's hair	166
bleat	236
blender	58
blind	242
blister	149
blizzard	63
blood test	152
blowhole	239
blubber	26
blue	18, 87
blue chip stock	190
blue rare	87
blunt bangs	164
blush	155
board games	65
Bob	76
bob	164
body measurement	111
boil	80, 148
bold line	217
bonito	91
booger	142
book	194
boring	31
boss	189
botan shrimp	91
bottle opener	98
bottom	138
bow-wow	236
bowl cut	164
boxer shorts	176
boyfriend	128
brackets	198
brackish	95
brain	139
brain death	193
brave	123
break wind	154
breast	87
breast tenderloin	87
bright spark	124
bring a dustpan	52
brisket	86
brittle	92
broom	56
brother	72
bruise	148
brush teeth	48
BTW	197
bubba	72
bubble chart	219
bubble economy	190
buck	229
bucket	56
buffet	71
bull	229
bullish	233
bullying	116
bump	149
bumpy	36
bun	164
bunny	227
Bunsen burner	115
bureaucrat	191
burn	149
burnt odor	34
burp	154
bursting	22
bushed	29
business cycle	190
businessman	201
businessperson	201
butcher shop	55
buy	194
buzz cut	165
by the way	197
bye for now	128

C

Term	Page
c'mon	127
c4c	134
cabinet	191
caddy	201
café au lait	102
cafe hopping	64
café latte	102
café mocha	103
calf	157, 226
call in sick	188
camouflage	172
camping	65
can opener	98
cancer	147
cappuccino	103
captivated	23
car	73
cardiology	150
cardiovascular surgery	151
careful	123
careless	123
cartoonist	187
casual	175
cat	227, 236
cat's cradle	131
catty	232
caw	237
caw-caw	237
center	74, 216
centre	74
chairman	184, 201
chairperson	201
change bed sheets	53
chatter	237
chatterbox	124
chatty	123
cheating	70
checkered	172
checking out various eateries	64
cheep	237
cheep-cheep	237
cheerful	122
chemistry	108
chewy	92
chick	226, 237
chicken	87, 88, 235
chicken out	241
chicken pox	147
chief of headquarters	184
chilblains	149
child abuse	193
childhood friend	120
chill at a cafe	51
chin	142
chin-up	156
chomp	85
choo-choo	73
chop	82
choral competition	110
chord	216
chorus singing	65
Chris	77
Christopher	77
chronic disease	152
chubby	145
chuck	86
chuckle	25
circle	212, 214, 216
circumference	216
citrus scent	35
civics	108
clam	91
clam up	241
clap	41
class disruption	116
class observation	111
classmate	120
claustrophobia	158
clean the drain	52
clean the toilet	52
clean the washing machine	53
cleaning day	111
clear tape	113
cleft chin	142
clink	40
close friend	120
close of business	196
closing of school	117
clothespin	57
clothing store	54
clown	70
coalition cabinet	191
COB	196
cock-a-doodle-do	237
cocktail	175
coeducation	117
coffee aroma	35
coiffe	180
cold fish	124
coldhearted	123
college	107, 133
colon	198
colony	231
color	74
colour	74
comb	57
comb hair	49
comb one's hair	166
come here	45
come on	127
comforted	16
comfy	171
comma	198
comment for comment	134

commercial science ... 109
community hall ... 55
companion ... 121
company housing ... 189
competition ... 70
complaint ... 71
complete rest ... 153
computer science ... 109
cone ... 213
confectionery ... 54
confidant ... 121
confident ... 23
conger eel ... 91
congratulations ... 128
congress ... 191
congruent ... 211
constipation ... 146
constitution ... 191
consultation fee ... 152
content ... 22
continuous line ... 217
convenience store ... 55
convertible ... 70
cooking ... 65
cool ... 23
copy machine ... 59
copy-cat ... 124
corkscrew ... 98
correction fluid ... 113
correction tape ... 112
cough ... 154
coulrophobia ... 159
cow ... 88, 226, 229, 236
cowardly ... 123
crab ... 91
cracked bone ... 149
cram school ... 106
crash ... 40
cream puff ... 70
creamy ... 93
crew cut ... 165
crispy ... 92
croak ... 237
crow ... 237
crunch ... 84
crunchy ... 92
cry ... 26
CT scan ... 153
cube ... 213, 215
cubed ... 210
cumulative bar graph ... 218
curious ... 23
curly brackets ... 198
cut ... into half ... 83
cut ... into quarters ... 83
cut ... into six pieces ... 83
cut into chunks ... 83
cut into rectangles ... 82
cut into round slices ... 83
cute ... 171
cutting board ... 99
cuz ... 128
cya ... 128
cyclical bottom ... 190
cygnet ... 226

cylinder ... 213

D

dada ... 72
Dan ... 76
Daniel ... 76
dash ... 198
dashed line ... 217
Dave ... 76
David ... 76
dawn ... 60
deadline ... 71
death with dignity ... 193
decagon ... 212
decimal ... 208
decimal fraction ... 208
decisive ... 122
declining birthrate ... 117, 193
deel ... 180
deep fry ... 80
deer ... 89, 227
deflation ... 190
defrost ... 81
dehydration ... 147
delicious ... 96
delighted ... 16
denominator ... 209
dental checkup ... 111
dental floss ... 57
dentistry ... 109, 151
deodorizer ... 56
dependent ... 123
department chief ... 184
depopulation ... 193
depressed ... 18
depression ... 146
deregulation ... 190
dermatology ... 151
desertification ... 192
desperate ... 20
detergent ... 56
devour ... 84
diameter ... 216
diamond ... 212
diaphragm ... 139
diarrhea ... 146
dice ... 83
Dick ... 76
digital divide ... 193
dimple ... 143
din-din ... 73
dine out ... 51
dinner ... 73
director ... 184
disappointed ... 20
disgusted ... 20
disgusting ... 97
dishwasher ... 58
disinfecting spray ... 56
dislocation ... 149
divided ... 208
division ... 208
do laundry ... 53
do up one's hair ... 167

doctor ... 186
doctor's orders ... 153
doe ... 229
doeish ... 233
dog ... 227, 235, 236
dollar ... 199
don't know ... 127
don't you ... 127
doncha ... 127
dong ... 199
doorkeeper ... 201
doorman ... 201
dotted line ... 217
double ... 202
double line ... 217
double quotation ... 198
double tap ... 66
double-sided tape ... 113
doubtful ... 22
down ... 18
downer ... 125
drab ... 170
draw one's eyebrows ... 169
drawing pin ... 112
dress ... 176
dress shirt ... 176
drink like a fish ... 240
driver ... 186
driving ... 64
drizzle ... 62
drop like flies ... 240
drop out ... 116
drove ... 231
drowsy ... 29
dry ... 31, 92
dry cleaning store ... 55
dryer ... 59
duck ... 88, 226
duckling ... 226
dumbbell ... 156
dunno ... 127
duodenum ... 139
dusk ... 61
dust ... 52
dustpan ... 56
dye one's hair ... 167

E

eagle ... 226
eaglet ... 226
ear ... 143
ear hair ... 143
ear pick ... 57
eardrum ... 143
earhole ... 143
earlobe ... 143
early afternoon ... 61
early morning ... 60
earwax ... 143
eat like a horse ... 239
eco-bags ... 192
economic downturn ... 190
economics ... 108
editorial department ... 185

education ... 109
education gap ... 116
eek-eek ... 236
egghead ... 124
elastic ... 37
elbow ... 138
electric kettle ... 58
electric razor ... 57
electrocardiogram ... 153
electronics retail store ... 54
elegant ... 171
elementary school ... 106, 133
elevator ... 74
Elizabeth ... 77
embarrassed ... 21
emission control ... 192
employee ID card ... 189
end ... 194
end of file ... 197
energetic ... 28
engineering ... 109
Englishmen ... 200
enjoyable ... 19
enough ... 194
enthusiastic ... 23
entomophobia ... 159
entrance ceremony ... 110
entrance exam ... 118
entrepreneur ... 187
envious ... 21
EOF ... 197
erasable pen ... 113
esophagus ... 139
espresso ... 102
espresso macchiato ... 102
estimated time of arrival ... 196
estimated time of departure ... 196
ETA ... 196
ETD ... 196
ethics ... 108
euphobia ... 159
euro ... 199
evacuation drill ... 111
evaporating dish ... 115
even number ... 209
evening ... 61
evening shower ... 62
eventide ... 61
ewe ... 228
examination hell ... 116
exciting ... 19
exclamation mark ... 198
executive vice president ... 184
exhausted ... 29
extension cord ... 59
extinction ... 192
extroverted ... 122
eye ... 38, 142
eye bag ... 142
eye checkup ... 111
eyeball ... 142
eyebrow ... 142
eyelash ... 142
eyelid ... 142

F

f4f ... 134
facebook ... 68, 128
fall back to sleep ... 50
family history ... 152
fan ... 58
fan activities ... 65
fancy ... 170
fang ... 238
farewell party ... 110
fast ... 243
fat ... 145, 242
father ... 72
fatherless family ... 193
fatty tuna ... 91
fawn ... 227
fb ... 128
feast ... 85
fecal odor ... 34
fed up ... 20
FedEx ... 69
feel guilty ... 22
feel humiliated ... 21
feel secure ... 23
feel something ... 23
female friend ... 121
female koala ... 229
ff ... 135
fff ... 134
field trip ... 110
fight like cats and dogs ... 240
fillet ... 86
film director ... 187
fin ... 239
final exam ... 118
fine ... 28
fine arts ... 108
finely chop ... 82
fingernail ... 140
fingerprint ... 140
fingers crossed ... 45
finished ... 100
firefighter ... 201
fireman ... 201
first decimal place ... 208
first joint ... 140
first visit ... 152
fish ... 89
fishmonger ... 54
fishy ... 95
fishy odor ... 34
five-o'clock shadow ... 165
flabby ... 36
flank ... 86
flask ... 114
flat ... 31
flat white ... 103
flat-bottomed flask ... 114
flavor ... 35
flickr ... 69
flight attendant ... 201
flimsy ... 37
flip-flops ... 177
floral ... 172

flounder ... 91
flu ... 146
fluffy ... 36, 92
fluke fin ... 90
flurry ... 63
flustered ... 22
flyswatter ... 57
foal ... 226
fog ... 62
fold laundry ... 53
follow for follow ... 134
follow Friday ... 135
food ... 73
food orgasm ... 134
food poisoning ... 146
food processor ... 59
foodasm ... 134
foodporn ... 134
for ... 128
for your information ... 196
for your reference ... 196
forearm ... 157
forehead ... 143
forest conservation ... 192
forked test tube ... 114
formal ... 174
fox ... 228, 243
foxy ... 233
fraction ... 209
fracture ... 149
fragrance ... 35
freckle ... 143
free ... 242
freezer ... 58
frenemy ... 121
fresh scent ... 35
friend ... 120
frightened ... 32
frivolous ... 122
frog ... 237
frost ... 63
frostbite ... 149
fruitcake ... 125
fruity smell ... 35
frustrated ... 17
fry ... 81
frying pan ... 99
fun ... 19
funnel ... 115
funny ... 30
furious ... 17
furniture store ... 54
furry ... 37
futsal ... 65
FYI ... 196
FYR ... 196

G

g2g ... 128
gaggle ... 230
gallbladder ... 139
gamy ... 95
garlic odor ... 34
garlicky ... 95

Term	Page
gas	74
gas collecting bottle	115
gas station	70
gash	148
gastritis	147
gastroenterology	150
gastrointestinal surgery	150
gd	128
gem	125
gender gap	193
general affairs department	185
general internal medicine	150
general practice	150
general surgery	151
gentle	243
geography	108
geometric	172
get	194
get a haircut	166
get a perm	167
get a straight perm	167
get a treatment at the beauty salon	51
get dressed	49
get out of bed	48
get promoted	188
gf	128
giggle	24
gills	239
gimme	127
gingery	95
girlfriend	128
give a presentation	188
give me	127
give one's hair a treatmen	166
gizzard shad	91
glad	16
glance	38
global warming	192
gloomy	18, 122
glue	112
glutes	157
gnaw	41
go away	45
go bald	167
go down stairs	49
go for a walk with	50
go gray	167
go on a business trip	188
go on a date with	50
go on a ride	51
go on maternity leave	188
go shopping in a trendy neighborhood	50
go to the bathroom	48
go to work	188
goatee	165
gobble	84
going to	126
gonna	126
good	96, 128, 135
gooey	92
google	68
goose	226
goose bumps	155
goosey	232
gorgeous	171
gosling	226
got you	127
gotcha	127
gotta	126
got to go	128
government revenue	190
grade assembly	110
graduate school	107
graduated cylinder	115
graduation ceremony	110
grainy	93
grandfather	72
grandmother	72
grate	80
grater	98
graze	148
greasy	36, 94
greater than	198, 211
greater than or equal	211
greatest common divisor	209
greengrocer	54
greenhouse gas	192
grill	81
grin	24
grow one's hair	166
grumpy	22
guffaw	25
gynophobia	159
gz	128

H

Term	Page
hafta	126
haha	129
hahaha	129
hail	63
hailstone	63
hair dryer	59
ham	86
ham strings	157
hanbok	180
hand-wash	53
handstand	156
handyman service	54
hang out the laundry	53
happy	16
happy camper	124
hare	243
hash	198
have a day off	188
have a girls' lunch	51
have a meeting	188
have breakfast	49
have got to	126
have split ends	166
have to	126
hawkish	232
hay fever	146
haze	62
headstand	156
health insurance card	152
heart	139
heart sound	153
heat stroke	147
heat up	80
heater	58
heavy rain	62
heel	141
hehe	129
hehehe	129
height	214
helicopter	129
helicopter parent	117
help	194
hematology	150
hemorrhoids	147
hen	228
hepatology	150
heptagon	212
herd	230
herringbone pattern	173
hesitant	20
hexagon	212
hexagonal prism	213
hexagonal pyramid	213
Hi buddy	121
hiccup	154
hide-and-seek	130
high school	107, 133
highlighter	113
hilarious	30
hip	138
history	108
hit the driving range	64
hit the gym	64
hives	147
holiday	74
home economics	108
home visit	111
homeland	200
hoodie	176
hoof	239
hoot	237
hoot-hoot	237
horizontal bar graph	218
horn	70, 238
horrible	97
horrified	32
horse	226, 236
horse around	241
horse mackerel	91
hot chocolate	103
house cleaner	201
household income	190
housemaker	201
housewife	201
howl	237
humankind	200
human resource department	185
humble	122
humidifier	58
humorous	30
hundred	202, 221
hundred-yen shop	54
hungry	242
hurt	21
hyper	28
hypertension	146

hysterical ... 30

I

I see ... 128
I'm watching you. ... 45
ic ... 128
igers ... 135
imbalance ... 70
improper fraction ... 209
in-home separation ... 193
in-house mail ... 189
incised wound ... 148
indecisive ... 122
independent ... 123
index finger ... 140
infection ... 147
inflation ... 190
inform ... 194
inhale ... 85
injection ... 152
inquire ... 194
insect bite ... 148
insect repellent ... 57
insecure ... 21
insincere ... 123
insomnia ... 147
inspection ... 153
instagood ... 135
instagram ... 135
instagrammable ... 68
instagrammers ... 135
instamood ... 135
instep ... 141
integer ... 208
internal hemorrhage ... 148
internal medicine checkup ... 111
interpreter ... 187
interview ... 119
introverted ... 122
iron ... 53
Isabel ... 77
isosceles triangle ... 212
iV ... 152

J

Jack ... 77
jagged ... 37
jagged line ... 217
Japanese arabesque ... 173
Japanese language ... 108
jaw ... 142
jealous ... 21
jk ... 128
job shortage ... 193
joey ... 227
John ... 77
jovial ... 122
jump rope ... 130
junior college ... 106
junior high school ... 107, 132
just kidding ... 128

K

k ... 128
kanga ... 180
kangaroo ... 227
karaoke ... 65
Kate ... 77
Katherine ... 77
keep the length ... 167
kente ... 180
kick off meeting ... 197
kick the can ... 130
kill time at home ... 50
kind ... 123
kind of ... 126
Kind regards, ... 195
kinda ... 126
kindergarten ... 106, 132, 133
king-size ... 200
kip ... 199
kitten ... 227
klompen ... 180
knee ... 138
knife ... 99
knitting ... 64
knock ... 41
koala ... 227
KOM ... 197

L

l4l ... 134
labor regulations ... 189
lack of teachers ... 117
ladle ... 98
lady-killer ... 124
lamb ... 89, 226, 235, 243
laptop ... 70
lari ... 199
lat ... 157
late afternoon ... 61
late morning ... 60
late night ... 60
latte macchiato ... 103
laugh ... 24
laugh line ... 143
laugh out loud ... 134
laughing mad loud ... 129
laughing my ass off ... 129
laughing out loud ... 129
law ... 109
lawmaker ... 191
lawyer ... 187
lazy ... 123
lean tuna ... 90
learning ability test ... 118
least common multiple ... 209
leathery ... 37
leave work ... 188
leech ... 235
legal department ... 185
lemme ... 127
length ... 215
leopard ... 228
leopard pattern ... 173
leopardess ... 228
less than ... 198, 211
less than or equal ... 211
let me ... 127
let me know ... 197
lift ... 74
light ... 94
light rain ... 62
lightning ... 63
like for like ... 134
line graph ... 218
linguistics ... 109
lint roller ... 56
lion ... 229
lioness ... 229
lira ... 199
listening comprehension test ... 119
literature ... 109
live concerts ... 65
liver ... 139
lmao ... 129
LMK ... 197
lml ... 129
lock the door ... 49
logistics department ... 185
loin ... 86
lol ... 129, 134
lolol ... 129
lololol ... 129
lomfao ... 129
lone wolf ... 125
lonely ... 21
long black ... 102
long dashed double-short dashed line ... 217
long dashed line ... 217
long dashed short dashed line ... 217
look ... 39
looooool ... 129
loose ... 170
loose curly hair ... 164
lot of ... 126
lotta ... 126
loungewear ... 176
love ... 128
lower lip ... 143
lul ... 129
lulz ... 129
lungs ... 139
luv ... 128

M

machine-scored exam ... 119
mackerel ... 91
mad ... 17
made to order ... 177
magnifying glass ... 113
maid ... 201
maintenance hole ... 200
makeup exam ... 118
male friend ... 121
male koala ... 229

malnutrition	147	
malodor	35	
mama	72	
man crush Monday	135	
mankind	200	
manager	197	
mane	238	
manhole	200	
manhood	200	
manpower	200	
manufacturing department	185	
mare	229	
marginal village	193	
marine pollution	192	
mash	80	
math	108	
mathematics	108	
Matt	76	
Matthew	76	
mcm	135	
me	45	
measure	81	
measuring cup	99	
measuring spoons	98	
mechanical pencil	112	
medical questionnaire	152	
medical science	109	
medium	87	
medium fatty tuna	90	
medium rare	87	
medium well	87	
meet up with	50	
meeting	197	
megalophobia	158	
menstrual cramps	146	
meow	236	
metabolism and endocrinology	150	
mew	236	
MGR	197	
microscope	115	
microwave	58	
mid-term exam	118	
middle finger	140	
middle school	133	
midnight	60	
migraine	146	
million	221	
minced tuna	90	
mind-numbing	31	
minus	208	
mist	62	
mixed fraction	209	
moist	93	
mole	143	
money	45	
monkey	235, 237	
monkey around	241	
monkey bars	130	
month to date	197	
moo	236	
mood	135	
mop	52, 56	
morning	60	
mother	72	

mother country	200	
mother tongue	200	
motivated	22	
mouse	236, 242	
mousy	232	
mouth	143	
MTD	197	
MTG	197	
mule	243	
mulish	232	
multiple choice test	119	
multiplication	208	
munch	84	
murder	231	
muscle pain	149	
muscular	145	
mushroom cut	164	
music	108	
musical chairs	131	
mustache	165	
musty odor	34	
mutton	89	
muzzle	238	

N

n	128	
nail clipper	57	
naira	199	
nana	72	
NAND	222	
nasal bone	142	
nasal wings	142	
national referendum	191	
native language	200	
natural science	108	
navel	138	
nearly equal	211	
need	194	
neigh	236	
nephrology	150	
nerd	124	
nervous	21	
netflix	69	
neurology	150	
neurosurgery	151	
never mind	128	
new shekel	199	
nibble	84	
night	61	
no problem	128	
no reply necessary	196	
no return	197	
nonagon	212	
noon	61	
NOR	222	
Nordic pattern	173	
nose	142	
nose hair	142	
nostril	142	
not equal	211	
not good	97	
notebook	112	
np	128	
NR	197	

NRN	196	
nuclear waste	192	
num-num	73	
numerator	209	
nursery	133	
nursery school	106	
nursery teacher	186	
nutritionist	187	
nutty	95	
nvm	128	
nyctophobia	158	

O

obedient	122	
obese	145	
oblique	157	
obstetrics and gynecology	151	
octagon	212	
octahedron	213	
octopus	91	
odd number	209	
odor	35	
oink	236	
oink-oink	236	
OK	128	
omegalul	129	
one-length haircut	164	
one-size-fits-all	177	
ook-ook	237	
OOO	196	
ootd	134	
open the curtain	48	
open the door	49	
ophthalmology	151	
optimistic	122	
OR	222	
oral exam	119	
organise	74	
organize	52, 74	
orthopedic clinic	55	
orthopedic surgery	151	
otorhinolaryngology	151	
out of	126	
out of office	196	
outfit of the day	134	
outlet	70	
outta	126	
oval	212, 216	
overjoyed	16	
overnight excursion	110	
overwhelmed	20	
ow-ow-ow-oooow	237	
owl	227, 237	
owlet	227	
ox	242	
ozone layer	192	

P

P.E.	108	
pack	230	
packing tape	113	
pain killer	153	
paisley	173	

palm	140	
palpation	153	
pan	99	
pancreas	139	
pantyhose	177	
papa	72	
paper clip	113	
parachuting	191	
parallel	211	
parallelogram	212, 214	
parasite	234	
parent-teacher-student conference	111	
parking brake	71	
party animal	125	
pastry chef	186	
pause	100	
paw	239	
pawnshop	55	
peacock	228, 234	
peahen	228	
pecs	157	
pediatrics	151	
peek-a-boo	131	
peel	81	
peeler	98	
peer pressure	117	
pencil sharpener	112	
pentagon	212	
people	128	
percussion	153	
period	198	
perpendicular	211	
person in charge	197	
peso	199	
pessimistic	20, 122	
petri dish	115	
petrol	74	
pharmaceutics	109	
pharmacist	187	
philosophy	109	
philtrum	143	
photography	64	
photoshop	69	
physical education	108	
physical examination	111	
physical punishment	117	
physical strength and fitness test	119	
physics	108	
pi	214, 215	
PIC	197	
picoftheday	134	
picture of the day	134	
pie chart	219	
pierced earrings	177	
pig	88, 227, 234, 236, 242	
pig out	241	
piggish	232	
piggy bank	57	
piglet	227	
pigtails	164	
pimple	143	
pin up one's hair	169	
pinch in	67	

pinky	140	
pipette	115	
plain	170	
plaits	164	
plank	156	
planning department	185	
plastic container	99	
plastic sheet	112	
play games all night	51	
play house	131	
please	128	
plunger	56	
plus	208	
plz	128	
pneumonia	147	
pod	230	
point of tangency	216	
police officer	186	
polished	171	
politician	187	
politics	109	
polka dots	172	
pollera	181	
poncho	181	
pong	35	
ponytail	164	
pop idol	187	
population explosion	192	
pores	143	
pork	86, 88	
positive	22	
pot	99	
pouch	239	
pound	199	
power	210	
ppl	128	
practice exam	118	
predecessor	189	
pregnant	152	
prep year	132	
preparatory school	106	
prescription	152	
president	184, 191	
pressure-free schooling	116	
pride	231	
primary school	132, 133	
Prime Minister	191	
private interview	111	
product planning department	185	
protractor	113	
proud	23	
psychiatry	151	
psychology	109	
psychosomatic medicine	150	
public bathhouse	54	
public funds	190	
public relations department	185	
puffy	37	
pulled muscle	149	
pupil	142	
puppy	227	
purchase	194	
pus	148	
push-up	156	
put away clothes	53	

put away the garbage bag	52	
put in contact lenses	49	
put in the laundry net	53	
put on blush	169	
put on eye shadow	168	
put on eyeliner	168	
put on false eyelashes	168	
put on foundation	168	
put on foundation primer	168	
put on shoes	49	
put on sunscreen	168	
pyramid	215	

Q

qotd	134	
quad	157	
quadrangular prism	213	
quadrangular pyramid	213	
queen	228	
questionnaire	71	
quiet	242	
quiz	119	
quote of the day	134	

R

r	128	
rabbit	227	
radar chart	219	
radius	214, 215, 216	
rag	56	
rainstorm	62	
ram	228	
rare	87	
rat	234	
ratty	233	
raw	87	
razor	57	
real estate agent	55	
receive	194	
rectangle	212	
rectangular cuboid	213	
rectum	139	
red clam	91	
red light, green light	130	
red snapper	91	
reek of alcohol	34	
reeking	35	
refer to	194	
reference	152	
refill	56	
refrigerator	58	
Regards,	195	
regulation	191	
rekt	129	
relaxed	23	
relieved	16	
reluctance to lend	190	
remove a stain	53	
répondez s'il vous plaît	196	
representative director	184	
reptilian	233	
require	194	
researcher	186	

reserve 194	scallops 91	sincere 123
respiratory medicine 150	scar 148	Sincerely, 195
restless 20	scared 20, 32	sink-corner strainer 99
retractable knife 113	scarf 176	sirloin 86
rhinitis 146	scatter diagram 219	sissy 72
rib 86	scent 35	sister 72
ribbit-ribbit 237	school 230	sit-up 156
rice cooker 58	school anniversary 111	six pack 157
rice scoop 98	school assembly 110	sixth form 133
rich 94	school festival 110	sizzle 40
Richard 76	school picnic 110	skeptical 22
riel 199	school trip 110	skill test 119
right-angled triangle 212	school violence 117	skinny 144
ring finger 140	scoop 81	skype 68
rinse mouth 48	scopophobia 158	sleet 63
riot 125	scrawny 144	sleeveless 176
roar 236	screen shot 135	slender 144
roast 80	scrub the bathtub 52	slice 82
Robert 76	scrubbing brush 56	slicer 98
rock on 44	sea urchin 91	slimy 36
rock paper scissors 131	seaside school 110	slipped disk 149
rofl 129	secant 216	sloth 231
roflcopter 129	second joint 140	slow 243
roflmao 129	secondary school 133	slug 234
roller coaster 71	secretary 184	sluggish 29, 233
rolling on the floor laughing 129	section chief 184	slurp 84
rooster 226, 228, 237	sector 216	sly 243
rote learning 117	security camera 59	small intestine 139
rough 36	see 39, 128, 194	smell 35
round 86	semi-formal 175	smile 24
round down 209	semicolon 198	smooth 37, 93
round off 209	send-off party 110	snack 85
round up 209	senior high school 132	snail 243
round-bottomed flask 114	serious 23, 122	snaky 232
RSVP 196	server 201	snap 41
rub sleepy eyes 48	set one's hair 166	sneer 25
rubber band 113	sewage odor 34	sneeze 154
rubber gloves 56	sewing machine 59	snicker 25
rubbery 93	sexy 171	snivel 155
ruble 199	shape one's eyebrows 169	snore 155
rugged 36	shark 235	so happy I could die 23
ruler 112	shaved head 165	so-so 28, 44
rump 86	shaved sides 165	sob 26
run into 50	shed tears 27	soccer player 186
run like a horse 240	sheep 89, 226, 236	social media 65, 71
rupee 199	sheepish 232	social studies 108
	shin 138	soil pollution 192
	shocked 21	sole 141
S	shoehorn 57	sombrero 181
	shoot me now 44	sorrowful 20
sad 18	shoulder 138	sorry 128
salary 189	shoulder butt 86	sort of 126
sale 177	shower 62	sorta 126
sales department 185	shredder 59	spatula 98
saliva 155	shrimp 90	sphere 213, 215
salmon 90	shrine 55	spicy 94
salmon roe 90	shrug 44	splash 40
same outfit 177	sick of this 20	sponge 56
sample slide 115	side 138	sports festival 110
sarafan 180	side-arm flask 114	sportsman 200
sardine 91	side-view mirror 71	sprained ankle 148
sari 180	sideburns 165	sprained finger 148
savor 35	silent 123	spread out 67
scab 148	silky 36	spy 39
scald 149	simmer 81	square 212
scale 239		

square brackets	198
squared	210
squat	156
squeak	40, 236
squid	90
squishy	37
sry	128
ss	135
stab wound	148
stale	31
stallion	229
stand	115
stapler	70, 113
stare	38
start	100
starving	22
stationary bike	156
statistics	109
steam	80
steamer	99
steering wheel	71
stench	35
stethoscope	152
stew	80
stewardess	201
sticky	36, 93
sticky notes	112
stir	80
stirring rod	114
stomach	73, 139
stop	40
stop by	50
stove	58
strainer	99
stretch	156
strike	41
stringy	92
stripes	172
strong	242
stubble	165
stubborn	243
stuck	21
studio apartment	71
studious	123
study	39
study English	65
study for an exam	51
sty	148
stylish	171
subtraction	208
successor	189
sufficient	194
sugary	95
sukman	180
sunrise	60
sunscreen	57
sunset	61
sup	128
support	194
surf calm	91
surface area	215
surfing	65
surfing the net	64
survival games	65
Suzanne	77

Suzie	77
swag	135
swagger	135
swallow	85
swan	226
sweatshirt	176
sweaty odor	34
sweep with a broom	52
sweet and sour	94
sweet shrimp	90
swelling	148
swipe	66
swipe down	67
swipe left	66
swipe right	66
swipe up	67
symptom	152
syrupy	95

T

T-tube	114
tag	130
tag for likes	134
take in the laundry	53
take out the trash	52
talons	238
tangent	216
tangy	94
tap	66
tap and hold	66
tart	95
taste	81, 85
tasteless	97
tasty	96
TBA	196
TBC	196
TBD	196
tbt	135
teaching practice	111
technical college	107
tell	194
temple	54, 143
temporary closing of classes	116
tend to the garden	50
tendency to marry later	193
tenderloin	86
tendonitis	149
terminate	194
termination	189
terrified	32
test tube	114
test tube clamp	114
test tube stand	114
text	128
tflers	134
Thank you,	195
thanks	128
Thanks,	195
thawb	180
the English	200
thermometer	152
thick	37, 92
thickly slice	82
thigh	87, 138

thin	144
thin line	217
thin out	166
thinly slice	82
thirsty	22
thousand	202, 221
threatened species	192
thrilling	19
throat	138
throwback Thursday	135
thumb	140
thumb wrestling	131
thumbs up	44
thunder	63
thunderstorm	63
thx	128
thyroid	139
tidy one's hair	166
tiger	229, 236
tight	170
tigress	229
times	208
tired	29
title	189
to be announced	196
to be confirmed	196
to be determined	196
toad	234, 243
toaster oven	58
toe	141
tögrög	199
tom	228
tongue	86, 143
tonsils	139
Tony	77
toothbrush	57
toothpaste	57
toothpick	57
toss	80
touch screen	71
touched	23
tough	93
town hall	55
trachea	139
train	73
transformation Tuesday	135
trapezoid	212, 214
trash can	56
treadmill	156
treaty	191
triangle	112, 212, 214
triangular prism	213
triangular pyramid	213
tricep	157
trillion	221
trim one's bangs	166
triple	202
tripod	115
troll	129
trololol	129
troop	230
troubled	22
trout	235
truant	116
true friend	120

true or false test 118
truncated cone 213
truncated hexagonal pyramid 213
truncated quadrangular pyramid 213
truncated triangular pyramid 213
trunk 138, 238
try 194
trypophobia 158
tt 135
tummy 73
turn signal 71
turner 98
tusks 239
tweet 68, 237
tweet-tweet 237
tweezers 70, 115
twisted 122
two-finger swipe 67
two-finger tap 67
txt 128

U

u 128
uber 68
ugly 171, 243
ultraviolet radiation 192
uncertain 21
undercut 165
underscore 198
undertaker 54
unemployed 190
university 107
unkind 123
untidy 171
untie one's hair 167
upper lip 143
upset 17
urethra 139
urine 153
urology 151

V

vacation 74
vacuum 52
vacuum cleaner 56
Velcro 70
venison 89
very large 200
very well done 87
vice chairman 184
victory pose 70
video arcade 71
video game 71
video games 64
Vienna coffee 103
vixen 228
vocational school 107
voice actor 187
volume 215
vomit 155

vroom 41
vroom-vroom 73
VSCO Cam 135
vscocam 135
vulture 234

W

w/ 128
w/o 128
w8 128
wawa 73
wail 27
waist 138
wait 128
waitress 201
wake up to an alarm 48
walking 64
wanna 126
want to 126
warm up 156
warmhearted 123
wash face 48
washing machine 59
watch 39
watcha 127
watching sports 65
water 73
watery 93
wavy 164
wavy line 217
wcw 135
weaselly 232
webbed feet 239
weep 27
welcome & farewell party 110
well 87
well done 87
whale 234
what are you 127
what's up? 128
wheelchair 153
whimper 26
whiplash 149
whisk 98
whiskers 238
white tie 174
why? 128
William 77
wimp 124
windshield 71
wing 87
WIP 197
wipe face 48
wipe with a rag 52
with 128
withdrawn 122
without 128
witness 38
wobbly 92
wok 99
wolf 237, 242
wolf down 241
wolfish 233
woman crush Wednesday 135

won 199
wooden floor 70
work from home 188
work in progress 197
work like a dog 240
work out 51, 156
work overtime 188
work shifts 188
worker 201
workforce 200
working hours 189
workman 201
workmate 120
workplace experience 110
wrecked 129
wrinkle 143
wrist 140
writing paper 112
written exam 119

X

X-ray 153
xenophobia 158
XNOR 222
XOR 222

Y

y 128
yawn 154
year to date 197
yellowtail 91
yoga 65
you 128
young man 200
young person 200
young yellowtail 91
your 128
YouTuber 186
yr 128
YTD 197
yummy 96

Z

zebra stripe 173
zipper 177
zoo caretaker 187
zoom 69

기타

4 128

참 고 문 헌

『원어민이 알려주는 영어 형용사 사용법』(데이비드 세인/리서치사/2013년)

『이것을 영어로 말할 수 있나요?』(코단샤 인터내셔널 편/코단샤/1999년)

「englissu.com」
https://englissu.com/school-events-in-english/

「위키피디아 한국어판」
https://ko.wikipedia.org/wiki/민족_의상_목록

「weblio영어회화 칼럼」
https://eikaiwa.weblio.jp/column/phrases/natural_english/animal-related-nouns-adjectives/

이것은 영어로 뭐라고 말할까?
코알라식 의외로 잘 모르는 영단어 도감

초판 1쇄 인쇄 2025년 10월 15일
초판 1쇄 발행 2025년 10월 28일

지은이 코알라학교장
펴낸곳 도서출판 THE북
출판등록 2019년 2월 15일 제2019-000021호
주소 서울특별시 영등포구 양평로 12가길 14 310호
전화 02-2069-0116
이메일 thebook-company@naver.com

ISBN 979-11-993746-7-6 (03700)
- 책값은 뒤표지에 있습니다.
- 잘못 만들어진 책은 구입하신 곳에서 교환해 드립니다.

KORE WO EIGO DE IERUKANA? KOALA SHIKI IGAI TO SHIRANAI EITANGO ZUKAN
© 2022 Koala School
Originally published in Japan in 2022 by MAGAZINE HOUSE CO.,LTD., TOKYO,
Korean translation rights arranged with MAGAZINE HOUSE CO.,LTD., TOKYO,
through JAPAN UNI AGENCY INC., TOKYO and JM Contents Agency Co., Seoul

이 책의 한국어판 저작권은 저작권자와의 독점 계약으로 도서출판 THE북에 있습니다.
저작권법에 의해 한국 내에서 보호를 받는 저작물이므로 무단 전재와 복제를 금합니다.

※ 더북에듀는 도서출판 THE북이 기획·운영하는 영어 출판 브랜드입니다.